Não é incomum ver o crescimento evangélico sendo celebrado por seus números e dinâmica de organização. Esses são critérios importantes, mas insuficientes. Ao ver jovens jogadores de basquete ainda adolescentes, ninguém duvida de que sejam altos e saudáveis, sem que sejam necessariamente maduros ou tenham a sabedoria advinda da experiência. De certa forma, considero ser essa a situação da igreja evangélica brasileira: grande, dinâmica, mas imatura. *Mosaico bíblico* é o esforço de um jovem pastor apaixonado pela vocação de contribuir para o amadurecimento da igreja. Marcos Botelho apresenta o resultado de sua empolgante experiência docente, focada em ajudar cada pessoa a ter uma leitura proveitosa, transformadora e madura da Escritura Sagrada. Uma vida cristã madura não pode desconsiderar o imperativo de uma leitura madura das Escrituras. Desfrutem esse valioso e oportuno livro!

Ziel J. O. Machado, vice-reitor do Seminário Teológico Servo de Cristo e pastor na Igreja Metodista Livre, em São Paulo, SP

A hermenêutica bíblica é uma ciência (e uma arte) que por muito tempo esteve restrita a grandes peritos acadêmicos. Boa parte disso decorreu da escassez de bons manuais sobre o tema em língua portuguesa. Entretanto, na última década fomos agraciados por grandes manuais de interpretação, traduzidos principalmente do contexto anglo-americano. Mas chegou a hora de termos um belo guia em nossa língua. Marcos Botelho nos apresenta, de forma didática, sem preciosismos nem academicismos, um meio direto de nos "destravar" a mente. Acesse os *hyperlinks* do texto e entenda a mente dos autores e o coração de Deus por meio desta obra que certamente beneficiará o leitor. Louvo a Deus porque o Botelho traz para junto do povo de Deus instrumentos valiosos para que todos possamos ser edificados e transformados pela Palavra — outrora revelada por Deus, iluminada hoje pelo Espírito Santo — e sempre direcionados para Jesus, o Nazareno.

Rev. Paulo Won, pastor presbiteriano, diretor da Escola Didaskalia e autor de *E Deus falou na língua dos homens* e *Grego diário* (Thomas Nelson Brasil)

CB004540

Ler a Bíblia é construir um diálogo complexo, o que também pode ser muito arriscado. No encontro do texto com as expectativas dos leitores modernos, passado e presente entram em potente relação para iluminar a fé do povo de Deus. Todavia, os resultados nem sempre são felizes e, como exorta a Segunda Epístola de Pedro, indoutos e inconstantes podem distorcer as Sagradas Letras, gerando condenação (2Pedro 3:15,16). E os frutos do mau uso dos textos bíblicos serão sempre desastrosos. Por isso, *Mosaico bíblico* é um instrumento muitíssimo bem-vindo. De maneira didática, Marcos Botelho apresenta caminhos imprescindíveis para uma boa interpretação. Entre tantas coisas importantes, destaco a estrutura do livro e sua linguagem. Sem perder de vista pesquisas desenvolvidas nesse campo científico, o autor presenteia a igreja brasileira com uma obra acessível a qualquer um que deseje compreender a Bíblia e aplicar a Palavra de Deus. Com satisfação, indico esta obra. Acredito que prestará um ótimo serviço às comunidades cristãs em nosso país.

Kenner Terra, pastor batista, comunicador, secretário da Associação Brasileira de Pesquisa Bíblica (ABIB), docente na Faculdade Unida de Vitória e autor de *Autoridade bíblica e experiência no Espírito* (Thomas Nelson Brasil), *O Apocalipse de João: caos, cosmos e contradiscurso apocalíptico* (Recriar) e *Experiência e hermenêutica pentecostal* (CPAD)

A Bíblia não é um livro simples de entender e, infelizmente, muitos cristãos não se preocupam com esse fato. Acreditam que basta orar, pedindo a Deus a interpretação correta, e ela virá. Não é bem assim, pois, ainda que a iluminação do Espírito Santo seja fundamental na leitura bíblica, é apenas parte do processo. A outra parte é a hermenêutica, o labor humano na busca pelo entendimento. E, para isso, precisamos de mestres que nos guiem pelos corredores das Escrituras, mostrando a melhor forma de entender determinado texto, perícope ou livro. Sem dúvida, meu amigo Marcos Botelho entra na cena literária evangélica com um livro indispensável para quem deseja entender melhor a Bíblia e aprender a aplica-lá da melhor forma em sua vida diária. Unindo seu jeito leve de explicar e o rigor acadêmico, Botelho se torna uma excelente porta de entrada para quem deseja compreender o texto bíblico.

Rodrigo Bibo, mestre em teologia, criador do Bibotalk e autor do livro *O Deus que destrói sonhos* (Thomas Nelson Brasil)

Ler e entender a Bíblia em tempos marcados pelo pluralismo e pelo relativismo é um grande desafio, seja para leigos, seja para estudiosos. Desafio maior ainda é aplicá-la ao contexto pós-moderno em que estamos imersos. Toda ajuda é bem-vinda, e *Mosaico bíblico*, de Marcos Botelho, é uma excelente ferramenta para todos os que desejam ler, entender e aplicar a Palavra de Deus em sua vida ou na vida daqueles a quem ensinam. Com uma linguagem simples e acessível, Marcos Botelho oferece tanto uma teologia hermenêutica como um passo a passo prático para o estudo bíblico. Recomendo a leitura desta obra.

Adrien Bausells, pastor da Reformed Church in America, no Canadá, e autor de *A jornada da pregação: do texto ao púlpito* (Thomas Nelson Brasil)

Ouvir, refletir e transmitir o que o texto tem a dizer, e somente o que o texto tem a dizer, é a difícil tarefa que todo líder enfrenta a cada vez que está diante das Escrituras, diante de sua comunidade e mergulhado nas experiências culturais de sua época. Em *Mosaico bíblico*, Marcos Botelho, de forma inteligente e clara, oferece apoio muito seguro para quem dá seus primeiros passos no mundo da interpretação.

Zé Bruno, pastor da Casa da Rocha, vocalista da Banda Resgate e autor de *Diálogos com Jesus* (Thomas Nelson Brasil)

Você encontra inúmeros livros de hermenêutica disponíveis em português. Então, por qual motivo ler este livro? Qual é o verdadeiro diferencial entre tantas opções já consagradas? Em primeiro lugar, a leitura do texto do Marcos Botelho é agradável. O desafio de ler livros de hermenêutica é sempre a linguagem hermética. Em segundo lugar, finalmente temos um livro de hermenêutica que dialoga bem com a narrativa do cinema e das artes gráficas. Como tenho o hábito de ler as Sagradas Escrituras ouvindo trilha sonora de filmes, a segunda parte deste livro me deixou bem empolgado. Como um amante de narrativas, das Escrituras Sagradas e da hermenêutica, recomendo este livro com entusiasmo dramático.

Gutierres Fernandes Siqueira, comunicador e escritor, autor de *O Espírito e a Palavra: fundamentos, características e contribuições da hermenêutica pentecostal* (CPAD) e *Autoridade bíblica e experiência no Espírito* (Thomas Nelson Brasil)

Mosaico bíblico é uma boa porta de entrada para o vasto campo da hermenêutica bíblica. Conheço Marcos Botelho há muitos anos, e já tivemos boas conversas sobre o assunto abordado neste livro. O autor conseguiu comunicar de maneira simples o que está envolvido no processo de interpretação bíblica, da conceituação à prática interpretativa. Celebro a chegada deste livro, que é fruto de muito estudo, de prática interpretativa, de diálogo com diferentes escolas de interpretação e da experiência do autor como professor e pastor. Recomendo a todos os que buscam uma ferramenta para uma leitura adequada e edificante do texto bíblico.

Israel Mazzacorati Gomes, doutor em teologia, professor do Seminário Teológico Servo de Cristo, produtor e apresentador da Rádio Transmundial e pastor da Igreja Batista Água Viva

Vivemos em um mundo de mensagens. A afirmação soa exagerada, mas não é. Somos bombardeados por mensagens todos os dias e o dia inteiro. Como a maioria delas é interpretada "de imediato", nem sempre paramos para prestar atenção ao fato de quão importante é a tarefa da interpretação. Afinal, uma mensagem só faz sentido se for interpretada. Caso contrário, será um enigma, não uma mensagem. A mensagem tem de comunicar, e, para tanto, tem de ser entendida, e, para ser entendida, tem de ser interpretada. Daí a importância da interpretação — da hermenêutica, para usar um termo técnico. Os cristãos creem que a Bíblia é a mensagem de Deus ao ser humano. Logo, precisa ser interpretada para ser entendida e, ato contínuo, obedecida. Só que interpretar a Bíblia nem sempre é tarefa fácil. Ao ler a Bíblia, entramos em contato com um texto que apresenta um mundo estranho para nós em muitos aspectos e uma linguagem muitas vezes bem diferente da nossa. Precisamos de ajuda para entender a Bíblia. Nesse sentido, *Mosaico bíblico*, de Marcos Botelho, é um auxílio precioso. O texto do Botelho é simples, sem ser simplista, objetivo, claro, criativo e prático. Recomendo enfaticamente sua leitura.

Carlos Caldas, professor no programa de pós-graduação em ciências da religião da PUC-Minas e líder do Grupo de Pesquisa sobre Protestantismo, Religião e Arte

MOSAICO BÍBLICO

UMA INTRODUÇÃO
À HERMENÊUTICA
E AO MODO DE PENSAR
DOS AUTORES BÍBLICOS

MARCOS BOTELHO

MOSAICO BÍBLICO

UMA INTRODUÇÃO
À HERMENÊUTICA
E AO MODO DE PENSAR
DOS AUTORES BÍBLICOS

THOMAS NELSON
BRASIL

As citações bíblicas são da Nova Versão Internacional, da Bíblia, Inc. Citações com indicação da versão *in loco* foram extraídas de Almeida Corrigida Fiel (ACF), Almeida Revista Corrigida (ARC), Nova Tradução na Linguagem de Hoje (NTLH), Nova Versão Internacional (NVI) e Nova Versão Transformadora (NVT).

Os pontos de vista desta obra são de responsabilidade de seu autor e de seus colaboradores diretos, não refletindo necessariamente a posição da Thomas Nelson Brasil, da HarperCollins Christian Publishing ou de sua equipe editorial.

Publisher	*Samuel Coto*
Editor	*Guilherme H. Lorenzetti*
Estagiária editorial	*Renata Litz*
Produção editorial	*Fabiano Silveira Medeiros*
Transcrição	*Iago Barrios Medeiros*
Preparação	*Judson Canto*
Revisão	*Daila Fanny e Gabriel Braz*
Projeto gráfico e diagramação	*Tiago Elias*
Capa	*Daniel Brito*

Dados Internacionais de Catalogação na Publicação (CIP)
(BENITEZ Catalogação Ass. Editorial, MS, Brasil)

B54m   BOTELHO, Marcos
1.ed.   Mosaico bíblico: uma introdução à hermenêutica e ao modo de pensar dos autores bíblicos / Marcos Botelho. – 1.ed. – Rio de Janeiro: Thomas Nelson Brasil, 2023.
240 p.; 13,5 x 20,8 cm.

ISBN : 978-65-5689-558-1

1. Bíblia – Ensinamentos. 2. Exegese. 3. Hermenêutica. 4. Teologia.
I. Título.

12-2022/19   CDD 220.601

Índice para catálogo sistemático
1. Bíblia: Hermenêutica   220.601
Aline Graziele Benitez: Bibliotecária CRB-1/3129

Thomas Nelson Brasil é uma marca licenciada à Vida Melhor Editora LTDA.
Todos os direitos reservados à Vida Melhor Editora LTDA.
Rua da Quitanda, 86, sala 218 — Centro
Rio de Janeiro — RJ — CEP 20091-005
Tel.: (21) 3175-1030
www.thomasnelson.com.br

TERCEIRA PARTE
METODOLOGIA DAS TRÊS LEITURAS: UMA PROPOSTA DE INTERPRETAÇÃO BÍBLICA

QUARTA PARTE
A APLICAÇÃO DA PALAVRA E O DEUS QUE SE REVELA

PREFÁCIO
VICTOR FONTANA[1]

EXISTEM PRAZERES TÍPICOS DE TEÓLOGOS. EXISTEM PRAZERES típicos de pastores. Há momentos em que esses dois tipos de prazer se encontram. Talvez o melhor exemplo disso seja ver um aluno de seminário ou membro de igreja ler a Bíblia e entender o que uma passagem quer dizer. Mais que isso, entender o tema central de um livro bíblico. Mais ainda, perceber o jeito que o texto bíblico funciona de modo geral. Quando essas coisas acontecem, pastores e teólogos ficam realizados — ao menos os bons pastores e teólogos.

Existem frustrações típicas de teólogos. Existem frustrações típicas de pastores. Há momentos em que esses dois tipos de frustração se encontram. Imagine o seguinte cenário: depois de alguns anos plantando uma igreja, você deixou ali a alma. Então, com a comunidade já formada e uma liderança que você mesmo discipulou, surgem discussões entre os líderes. Decisões, muitas vezes, são difíceis. Um dos presbíteros, para defender um posicionamento seu, resolve citar um versículo — totalmente fora de contexto, sem nexo e sem conexão alguma com o assunto. E o pior acontece. Ele consegue convencer os demais. Eis o momento de frustração do teólogo, do pastor e de qualquer um que leve a Bíblia a sério.

---

[1]Victor Fontana é mestre em teologia (TEDS, Flórida, EUA) e divulgador científico e teológico. Atua como coordenador de ensino na Comunidade da Vila e é professor de Teologia do Novo Testamento (Seminário Jonathan Edwards). É também jornalista (Faculdade Cásper Líbero) e passou por redações de veículos como *Terra* e *Metro World News*.

Marcos Botelho, como pastor e teólogo, já passou por momentos similares a esses, tanto na igreja quanto na sala de aula. Eu mesmo presenciei alguns. Claro, contei histórias diferentes aqui, para não expor ninguém. Mas o que quero dizer é que o livro que você tem em mãos parte de vitórias e derrotas experimentadas na prática. É uma obra, sim, que dependeu muito de pesquisa para ganhar vida. Foram aulas de seminário que precisaram ser preparadas para então virarem capítulos muitos anos depois. Entretanto, cada frase aqui nasceu de pensar em gente de igreja como eu e você: gente que quer entender o texto bíblico para conhecer melhor quem Deus é. Em outras palavras, este livro não é um esforço meramente intelectual, mas sobretudo um desejo de que mais gente trate a Bíblia como se deve — e descubra um mundo fascinante no processo.

Isso não significa que o leitor não correrá riscos por aqui. Hermenêutica é assunto arriscado. E este é um livro sobre hermenêutica. Para começar: de que estamos falando? Pode haver algo de filosofia, talvez de direito, de metodologia da pesquisa em ciências humanas, e pode ser que estejamos falando puramente de teologia. E é no seio do estudo teológico que nasce a hermenêutica, tentando responder apenas a uma pergunta: "Como entender o texto bíblico?". E, assim, adentramos o território de novos riscos. Antes mesmo de começar a interpretar o texto, já começamos a perguntar: "Como?". E essa pergunta talvez se desdobre em várias outras: "Devo dar mais atenção aos detalhes? Ou devo começar entendendo o contexto mais geral de uma passagem? Se eu optar por entender primeiro os detalhes, como vou fazer isso sem conhecer o ambiente mais amplo? Texto fora de contexto é pretexto, já diz o ditado popular. Mas, se eu optar por começar pelo contexto, como vou conhecê-lo sem que eu passe primeiro pelos detalhes que o compõem?".

Dá para perceber o dilema? Qualquer opção é arriscada. Todas elas porão o leitor em uma tarefa circular. Com alguma esperança, o intérprete entrará em um ciclo virtuoso — do detalhe ao todo, do todo de volta ao detalhe, até que se entenda bem detalhe e todo.

Mas isso pode ser apenas um desejo. O intérprete pode se perder no meio desse difícil caminho circular. Surgem aí as alternativas. A primeira é simplesmente não aplicar método nenhum. Simplesmente sair lendo o texto sem jamais se preocupar em *como* se lê. Seja bem-vindo à prática comum à maioria dos contextos religiosos. Ao leitor, cabe ler. E, muitas vezes, funciona. É possível entender parte dos textos da Bíblia simplesmente lendo e sem pensar muito no processo. É dessa forma, porém, que também surgem os maiores erros de compreensão do texto. Ler literalmente um texto cheio de metáforas? Tomar como exemplos de moral e ética personagens cheios de falhas? Desconsiderar os contextos históricos? Tudo isso acontece, e muito mais, quando se lê sem método.

E pode ser mais grave. A leitura feita sem essa atenção detida a *como* se lê pode, inadvertidamente, acabar por manipular o texto bíblico. É uma espécie de novo ciclo no qual o leitor cai, e esse é inevitavelmente vicioso. Quando começamos a ler, temos ideias próprias a respeito de Deus, da religião e do mundo. Se lemos sem intencionalidade, temos a tendência de imprimir ao texto bíblico essas nossas concepções de mundo que já carregamos, mesmo que o texto não lhes dê suporte ou mesmo afirme justamente o contrário. Uma vez que fazemos isso, encontramos uma base bíblica infundada a justificar nossas concepções prévias, as quais se tornam ainda mais fortes, estabelecendo assim outro movimento circular em que as minhas crenças corrompem o texto, que, uma vez corrompido, reforça minhas crenças equivocadas. Sendo honesto, isso pode acontecer também com pessoas bem estudadas, teólogos ou mesmo acadêmicos especialistas em texto bíblico. Vemos isso acontecer com alguma frequência, e geralmente dizemos que é algo como "impor uma teologia ao texto". Funciona assim: tenho uma linha teológica de preferência e, conscientemente ou não, passo a manipular a Bíblia para confirmar meu ponto de vista. Dessa forma, vou ficando cada vez mais convencido de que minha linha teológica é a correta e me torno cada vez mais radical na defesa dela.

O outro caminho é adotar um método. E aí surge a pergunta: "Qual? Começo pelos detalhes? Começo pelo contexto mais amplo?". Nessa trajetória circular, é necessário um guia. Este livro é isso: um roteiro, um mapa, um tutor, se você quiser. É um livro sobre *como* fazer. E, assim, vai surgindo outro risco, o de ser simplesmente um pragmático. Se há uma coisa que não se encaixa na mentalidade bíblica, trata-se do pragmatismo. Você quer uma resposta, o texto lhe conta uma história. Você tem uma dúvida, Jesus prefere contar uma parábola a responder diretamente. Mais da metade da Bíblia é narrativa, contação de história. E a maneira de cada episódio ser narrado apresenta outros desafios. É um estilo de escrita cheio de figuras de linguagem e elementos de estilo que variam de livro para livro, de autor para autor. Um manual muito pragmático de compreensão do texto rapidamente esvazia de sentido a riqueza que o texto carrega com suas metáforas, paralelismos, quiasmos, hipérboles, ironias e até mesmo sarcasmos aqui e ali. A Bíblia apresenta tudo isso com alguma frequência e elevado grau de refinamento, de forma que um simples esquema do tipo "passo a passo" dificilmente daria ao leitor um ferramental necessário para se acostumar com esse tipo de linguagem. É necessário aclimatação. É como comprar um peixe numa loja e mergulhá-lo num aquário, em casa.

A criança escolhe um peixinho, e o lojista usa uma pequena rede para apanhá-lo. Então ela volta da loja, toda feliz, com seu peixe num saquinho cheio d'água. (Quantas vezes eu mesmo fui essa criança.) Ao chegar a casa, um afobado poderia simplesmente jogar o peixe na água do aquário. A chance de o peixinho morrer é enorme. Mas colocamos o próprio saquinho, fechado, dentro do aquário. É um período de aclimatação. A água do saquinho, aos poucos, vai ganhando a mesma temperatura daquela do aquário, e então o peixe pode sair do saquinho e nadar livremente,

Pense neste livro com essa história na cabeça. Ele vai fazê-lo "sentir o clima" do texto bíblico. É uma espécie de caminhada guiada, para que você vá se acostumando com o ambiente de um texto que está separado de nós por dois milênios no tempo e por 10 mil quilômetros no espaço. Como lidar com diferenças culturais e costumes? Como pensar sobre um poema? O que uma narrativa está tentando ensinar? Há sempre uma "moral da história"? Como uma passagem dialoga com o texto bíblico como um todo? Por que autores diferentes, em livros bíblicos diferentes, dão respostas diferentes a um mesmo problema? Esse tipo de pergunta exige a paciência da criancinha que espera o peixinho se aclimatar para poder nadar mais livremente.

Meu desejo é que você leia e releia este livro com paciência, porque, assim como Marcos Botelho, eu também tenho meus prazeres e frustrações teológicas e pastorais. Será um prazer enorme descobrir que mais gente está lendo a Bíblia e compreendendo o que ela realmente diz. Mais que isso: o que ela realmente tem a dizer.

INTRODUÇÃO

POR QUE ALGUÉM COMPRARIA UM LIVRO DE HERMENÊUTICA? Creio que, se você está lendo este livro, é porque, como discípulo ou discípula de Jesus, tem uma dor a ser sanada. Se for isso, sei o que você sente e busca neste livro.

Assim como aconteceu com você, Jesus se revelou em determinado momento da minha vida. Eu tinha apenas 14 anos e era de família cristã. Um bom religioso. Graças a esse encontro poderoso e gracioso, eu me rendi ao senhorio de Jesus Cristo e comecei a segui-lo. Logo entendi e aceitei pela fé que a Bíblia é a Palavra de Deus, mas, com essa certeza, uma grande dor se fez presente em minha vida por mais de uma década: não entender com clareza e autoridade a Palavra de Deus.

Essa dor, compartilhada por muitos discípulos, costuma aparecer de forma mais aguda em três momentos da nossa caminhada. O primeiro é quando percebemos que não somos capazes de compartilhar a sabedoria da Palavra com nossos amigos e familiares. Sabemos com clareza em quem cremos, mas não conseguimos explicar a Bíblia, pois, na verdade, não entendemos nem fomos ensinados a ler a Palavra de Deus. O segundo momento é quando temos de tomar uma decisão importante na vida e vemos que não sabemos manusear a Bíblia e ler o texto em busca de sua revelação atemporal. Ou seja, não temos certeza se o que lemos servia apenas para a época ou se ainda se aplica hoje. Reagimos a isso forçando o texto para fora do contexto, fazendo dele uma alegoria, tentando extrair alguma resposta para a pergunta que estamos fazendo e para o nosso momento de vida. O terceiro momento é quando somos questionados por colegas de trabalho ou de estudos acerca de certos ensinos ou histórias da Bíblia, principalmente no Antigo Testamento, e ficamos aflitos, pois sabemos que, embora esses questionamentos não diminuam a verdade e a autoridade da Palavra, não sabemos responder, pois não costumamos ler a Bíblia direito. Na verdade, às vezes, temos os mesmos questionamentos e não os fazemos por temor a Deus ou medo de perder a fé.

Quando entendemos a Palavra de Deus, nossa fé é fortalecida. Não interpretar a Bíblia deixa a fé vulnerável, pois nos calamos e engolimos nossas dúvidas e nossa ignorância, ou dependemos de outras pessoas para interpretar a Palavra, a qual foi dada a todo cristão que tem o privilégio e o dever de ler e entender a revelação de Deus.

Lembro-me de quando concluí meus quatro anos de seminário. Eu me senti teologicamente preparado para o ministério, mas não com autoridade na Palavra. Mesmo tendo melhorado meu conhecimento bíblico em relação à época anterior ao seminário, li muitos livros de teologia, e não me dediquei à leitura da Palavra como achei que deveria ter feito; também não conheci uma metodologia prática da Palavra de Deus para entendê-la com autoridade.

Somente dois anos depois, em 2004, entendi que Jesus estava no centro de toda a revelação das Escrituras. Foi como se as escamas dos meus olhos tivessem caído, como aconteceu com o apóstolo Paulo após sua visão do Senhor. Pela primeira vez, não li a Bíblia para confirmar minha teologia e meus argumentos; deixei que ela me lesse, a Palavra revelando Cristo e seu evangelho, e assim moldando meu entendimento do mundo espiritual, da criação e da minha vida.

Depois dessa experiência, que durou cerca de quarenta dias, me aperfeiçoei como professor de hermenêutica e comecei a lecionar em 2005, ajudando homens e mulheres no seminário e na faculdade a se tornarem pastores e missionários que entendessem a Palavra de Deus com autoridade. Muitos autores me ajudaram a formar minha compreensão e metodologia e, com isso, considero-os coautores nessa caminhada. Destaco três, de forma representativa, dentre essa multidão de mestres: o dr. John Stott, com seu amor pela Palavra e sua visão missional das Escrituras; o dr. Tim Keller, que, em um congresso em 2004, mostrou-me como as Escrituras falam sobre Jesus e seu evangelho; e o dr. Tim Mackie,[2] que me mostrou os padrões inteligentes de repetição em toda a Bíblia, criando, com isso, um grande mosaico.

Nos últimos anos, dediquei-me a adaptar meu ensino para quem deseja entender a Palavra de Deus com autoridade, independentemente de ter um chamado ao pastorado ou de ter cursado teologia, para assim contar com uma metodologia e um passo a passo para alcançar esse sonho e sanar a dor de não entender as Escrituras.

Depois de testar essa metodologia em cursos on-line que já atenderam a mais de trinta mil alunos, este livro coroa essa minha jornada; e espero que abençoe sua vida ao lê-lo, da mesma forma que me abençoou ao escrevê-lo.

MARCOS BOTELHO
Fevereiro de 2023

---

[2]Chefe de educação do BibleProject (youtube.com/@BibleProjectPortugues) e professor adjunto do Western Seminary.

PRIMEIRA PARTE

O QUE É ESSE LIVRO QUE CHAMAMOS DE BÍBLIA?

A BÍBLIA É A PALAVRA DE DEUS
SUBMISSÃO PELA FÉ

A BÍBLIA É A PALAVRA DE DEUS. ESSA AFIRMAÇÃO PARTE DE duas fontes: a primeira é a fé, por meio da qual o crente aceita essa realidade; a segunda é a própria Bíblia, que se autodeclara a Palavra de Deus revestida de autoridade.

Em Romanos 12:3, o apóstolo Paulo fala da "medida da fé que Deus [nos] concedeu". É com essa fé recebida que podemos declarar que a Bíblia é a Palavra de Deus. Pode-se dizer que a fé é o principal ingrediente no processo de interpretação bíblica. Na verdade, ela está presente em tudo o que diz respeito à Palavra de Deus.

Para começar, é a fé que nos faz crer em Deus, porém essa "fé vem por se ouvir a mensagem, e a mensagem é ouvida mediante a palavra de Cristo" (Romanos 10:17). Pela fé, submetemo-nos à Palavra antes de conhecê-la em profundidade. Mas também percebemos, por esse texto, que a mensagem que nos faz crer é ouvida por meio da "palavra de Cristo", ou seja, o evangelho. Por fim, o próprio Cristo "é a Palavra" (João 1:1). Portanto, precisamos da Palavra para ter fé, e de fé para crer na Palavra e para crer que Jesus é a Palavra.

CRER NA PALAVRA PARA TER FÉ

Em Hebreus 11:6, lemos: "Sem fé, é impossível agradar a Deus, pois quem dele se aproxima precisa crer que ele existe e que recompensa aqueles que o buscam". Esse versículo está inserido em uma seção da Carta aos Hebreus que fala especificamente da fé, definida no início do capítulo como "a certeza daquilo que esperamos e a prova das coisas que não vemos" (v. 1). Essa certeza é o que está na essência de todo o processo de crer. No grego, a palavra "certeza", que é empregada nesse versículo, admite a conotação de "essência", "natureza" e "convicção". Trata-se de algo que não deixa margem para dúvida. Contudo, a certeza que vem pela fé não é intelectual. Naturalmente, isso não quer dizer que o intelecto não tenha nenhum papel a desempenhar, pois a mensagem do evangelho deve ser comunicada de maneira inteligível. Jesus aplicava recursos didáticos para expor sua mensagem. O apóstolo Pedro, no dia de Pentecoste, fez um discurso muito esclarecedor aos seus compatriotas sobre o fenômeno das línguas, sobre a pessoa do Messias sobre e a necessidade de arrependimento. O apóstolo Paulo apresentava seus argumentos a favor de Cristo nas sinagogas e também fez bom uso da retórica para apresentar a doutrina cristã aos gregos em Atenas.

Em todos esses casos, houve os que creram e os que não creram. A multidão de ouvintes de Pedro, sem dúvida, era superior aos três mil judeus "que aceitaram a mensagem" (Atos 2:41). Paulo passou três meses debatendo na sinagoga de Corinto, porém muitos não cederam aos seus argumentos, e ele discipulou apenas parte do grupo (Atos 19:9); e em Atenas somente "alguns homens juntaram-se a ele e creram" (Atos 17:34). O raciocínio ajuda na compreensão da mensagem, e existe até quem se convença intelectualmente, mas nem por isso alcança a fé, porque ela não nasce na mente humana: é dom de Deus.

Essa parte precisa ser bem compreendida por quem pretende dedicar-se ao exercício intelectual da hermenêutica. Para torná-la ainda mais clara, recorro a um testemunho contemporâneo, do jornalista Lee Strobel, um cético que se dispôs a buscar provas da existência de Cristo e de sua ressurreição:

Depois de uma investigação pessoal que durou mais de seiscentos dias e horas incontáveis, meu próprio veredicto no caso de Cristo estava claro. Entretanto, sentado à minha escrivaninha, constatei que *precisava de mais que uma decisão intelectual*. [...] Procurando uma maneira de fazer isso, apanhei uma Bíblia e a abri em João 1:12, um versículo que eu encontrara durante a minha investigação: "Aos que o receberam, aos que creram em seu nome, deu-lhes o direito de se tornarem filhos de Deus".

Os verbos-chave nesse versículo exprimem com precisão matemática o que é preciso para ir além da mera concordância mental com a divindade de Jesus e entrar em um relacionamento permanente com ele, sendo adotado na família de Deus: crer + receber = tornar-se.

Sendo alguém formado em jornalismo e direito, eu fora ensinado a responder aos fatos, não importando em que direção eles levassem. Para mim, os fatos demonstravam de modo convincente que Jesus é o Filho de Deus, que morreu como meu substituto para pagar a pena que eu merecia pelos males que pratiquei.

Meu coração encolhera até se transformar em uma pedra em relação a todo mundo. Minha motivação principal era o prazer pessoal — e, ironicamente, quanto mais eu o buscava, mais ilusório e destruidor ele se tornava.

Quando li na Bíblia que esses pecados me separavam de Deus, que é santo e moralmente puro, compreendi que isso era verdade. Com certeza, Deus, cuja existência eu negara durante anos, parecia estar muito distante, e ficou evidente para mim que eu precisava da cruz de Cristo para sobrepor tal abismo. O apóstolo Pedro disse: "Cristo sofreu pelos pecados de uma vez por todas, o justo pelos injustos, para conduzir-nos a Deus" (1Pedro 3:18).

Em tudo isso eu acreditava agora. As evidências da história e minha experiência eram fortes demais para ser ignoradas.[3]

Esse algo "mais que uma decisão intelectual" era a experiência da fé. De nada adianta ser convencido pela argumentação de outrem se não houver fé.

---

[3]*Em defesa de Cristo* (São Paulo: Vida, 2001), grifo na citação.

No estágio inicial, a fé age em nós para crermos em Deus, aceitarmos a mensagem do evangelho e reconhecermos o senhorio de Deus sobre nossa vida. Qualquer cristão que se proponha interpretar a Bíblia perceberá que essa fé é exigida para ele crer que a Bíblia é a Palavra de Deus. Em suma, a fé é basilar para se iniciar a caminhada hermenêutica.

TER FÉ PARA CRER NA PALAVRA

Um antigo hino diz: "Creio eu na Bíblia / O livro do Senhor". A verdadeira hermenêutica bíblica parte da convicção de que a Bíblia é a Palavra de Deus inspirada pelo Espírito Santo (falarei mais a esse respeito no cap. 3).

O propósito da hermenêutica não é comprovar a veracidade da Bíblia, mas interpretar um livro que consideramos autêntico. Quando um crítico analisa a obra de um autor, ele parte do pressuposto de que a obra analisada foi mesmo escrita por esse autor. Não se pode discorrer sobre o pensamento de Nietzsche em O anticristo, por exemplo, sem a convicção de que o livro foi, de fato, escrito por esse filósofo alemão. Quando nos propomos interpretar a Bíblia, não podemos pôr em dúvida a autoria divina: estamos lidando com a fiel Palavra de Deus.

A crença na autenticidade da Bíblia é percebida no próprio texto sagrado. Escrevendo aos crentes de Corinto, o apóstolo Paulo declara: "O que primeiramente lhes transmiti foi o que recebi: que Cristo morreu pelos nossos pecados, segundo as Escrituras, foi sepultado e ressuscitou no terceiro dia, segundo as Escrituras" (1 Coríntios 15:3,4). A fé no testemunho das Escrituras era o bastante para comprovar que Jesus havia morrido pelos pecados do mundo e que a ressurreição era uma realidade.

O próprio Cristo atestou a veracidade do Antigo Testamento quando, após a ressurreição, explicou aos discípulos, no caminho de Emaús, que "era necessário que se cumprisse tudo o que a meu respeito está escrito na Lei de Moisés, nos Profetas e nos Salmos" (Lucas 24:44). "Lei de Moisés", "Profetas" e "Salmos" são as três divisões da Bíblia hebraica; portanto, de certa forma, ele está confirmando a autenticidade do Antigo Testamento como Palavra de Deus.

Crer nisso está além de nossa capacidade intelectual. Por isso, sugiro atentar para o conselho de Andreas J. Köstenberger e Richard D. Patterson:

> Em vez de adotarmos uma posição crítica em relação à Bíblia, devemos, isto sim, nos submeter a ela como nossa autoridade final em todas as áreas da vida. Uma qualidade essencial que o intérprete do texto bíblico deve ter, portanto, é a *humildade*. Como Adolf Schlatter observou décadas atrás, temos de nos colocar "abaixo" das Escrituras, em vez de afirmar arrogantemente o nosso direito de criticá-las à luz de nossos pressupostos e preferências modernas ou pós-modernas. Em vez de aceitarmos apenas os ensinamentos que consideramos aceitáveis, segundo as sensibilidades contemporâneas, temos de estar preparados para conformar nossos pressupostos e preferências aos ensinamentos das Escrituras e agir de acordo com eles. Devemos nos aproximar das Escrituras dispostos a obedecer ao que elas dizem.[4]

Crer na Bíblia, no evangelho, é ainda mais desafiador para nós, que não vivemos nos tempos bíblicos. Jesus disse a Tomé, o apóstolo que não havia crido que o Senhor aparecera aos outros discípulos: "Porque me viu, você creu? Felizes os que não viram e creram" (João 20:29). Obviamente, a maioria de nós, cristãos, não teve a oportunidade de conviver com Jesus. Não tivemos o privilégio de vê-lo em ação: curando enfermos, expulsando demônios e realizando milagres de todo tipo. Não fizemos parte das multidões que se reuniam em torno dele para ouvi-lo pregar, muito menos dos grupos

---

[4] *Convite à interpretação bíblica: a tríade hermenêutica* (São Paulo: Vida Nova, 2015), p. 62-3.

menores de discípulos agraciados com seus ensinos mais exclusivos. Não fomos testemunhas oculares de sua morte ou de sua ressurreição. A fé que temos em suas obras e em suas palavras apoia-se no que vemos registrado nas Escrituras.

No entanto, na reprimenda ao seu discípulo mais cético, Jesus deixa claro que os que não presenciariam esses acontecimentos seriam particularmente felizes, mesmo crendo sem ver. Seria esse o padrão após a sua partida. Portanto, mais do que nunca, a fé se faz necessária, porque os futuros cristãos só têm acesso à plenitude da salvação chamada Jesus Cristo por meio do testemunho vivo que seus apóstolos deixariam por escrito.

Para que esse testemunho se tornasse viável, Jesus fez uma promessa: "O Conselheiro, o Espírito Santo, que o Pai enviará em meu nome, lhes ensinará todas as coisas e lhes fará lembrar tudo o que eu lhes disse" (João 14:26). A Bíblia, a Palavra de Deus na forma escrita, é o meio para chegarmos à revelação plena, Jesus Cristo.

Por conseguinte, aceitar que a Bíblia é a Palavra de Deus implica submeter-se a ela sem reservas, e essa submissão só acontece pela fé. É assim que "não vimos e cremos". Deus fala conosco por meio de sua Palavra escrita, e, diante desse fato, nossa opção é a obediência pela fé. Em contrapartida, "quem ouve estas minhas palavras e as pratica é como um homem prudente que construiu a sua casa sobre a rocha" (Mateus 7:24). Assim, sobre esse sólido fundamento e com as ferramentas certas, teremos condições de proceder à correta interpretação da mensagem que Deus nos comunica por meio das Escrituras.

TER FÉ PARA CRER QUE JESUS É A PALAVRA

O apóstolo João escreve algo maravilhoso no início de seu Evangelho: "Aquele que é a Palavra tornou-se carne e viveu entre nós. Vimos a sua glória, glória como do Unigênito vindo do Pai, cheio de graça e de verdade" (João 1:14). O autor, portanto, afirma que Jesus é a Palavra de Deus. Mas o que João quer dizer quando afirma que Jesus é "a Palavra" (ou "o Verbo", conforme algumas traduções da

Bíblia; o Logos)? Há uma gama de significados oriundos do pensamento hebraico e da filosofia grega que resultaram em um conceito exclusivo na teologia de João.

Para o judaísmo palestino, ligado ao pensamento hebreu, a Palavra era a personificação da sabedoria. Na filosofia grega, o Logos representa a razão e também a manifestação do princípio divino no mundo, o intermediário entre o mundo e Deus. No judaísmo helenístico — movimento que surgiu durante a diáspora judaica e tentava estabelecer uma tradição religiosa hebraico-judaica em cultura e língua gregas —, o Verbo era personificado na criação. William Barclay resume:

> Durante séculos estivestes pensando, escrevendo e sonhando sobre o *Logos*, o poder que fez o mundo, o poder que mantém a ordem do mundo, o poder mediante o qual os homens pensam, raciocinam e conhecem, o poder através do qual ficam em contato com Deus. Jesus é esse *Logos* que veio à terra" [diria João aos gregos]. [...] Os gregos e os judeus tinham chegado lentamente à concepção do *Logos*, a *palavra*, a *razão* de Deus, a mente de Deus que fez o mundo e que lhe dá sentido. De maneira que João se dirigiu tanto aos judeus como aos gregos para dizer que em Jesus Cristo esta mente de Deus criadora, iluminadora, controladora, sustentadora, tinha baixado à Terra. Veio para dizer que os homens já não necessitam fazer conjeturas e procurar provas; que tudo o que deviam fazer era olhar Jesus e ver a Mente de Deus.[5]

No entanto, a declaração de que Jesus é a Palavra levou alguns a afirmar que a Bíblia não é a Palavra de Deus, e sim Jesus. De fato, a finalidade da Palavra, a Palavra da verdade e da graça, de acordo com o versículo citado, é Jesus. Se voltarmos a Gênesis 1:3,

---

[5]*João: comentário do Novo Testamento*, disponível em: files.comunidades. net/pastorpatrick/Joao_Barclay.pdf, p. 43-4.

veremos que Deus disse "Haja luz", e houve luz. Esse é o princípio da criação e mostra a Palavra de Deus proferida *antes* da Criação. João deixa claro que essa Palavra era Jesus, e que ela encarnou.

Ocorre que, ao longo de sua história, a igreja se desviou desse pensamento e permitiu que elementos não bíblicos adentrassem a teologia. A famosa doutrina das indulgências é um exemplo disso.[6] No século 16, os teólogos da Reforma Protestante defenderam a ideia de que as Escrituras estavam em um patamar acima da tradição e dos concílios da Igreja Católica Romana. Usando esse texto de João, afirmaram, com certa razão, que a essência do texto escrito estava determinada antes da fundação do mundo e, por isso, é maior que tradições e doutrinas da igreja. Desse entendimento, deriva o conceito de *sola Scriptura* — somente a Escritura. Esse conceito é uma doutrina essencial da fé cristã reformada. Ele afirma que a Bíblia é a única regra de fé e prática, ou seja, é a fonte que revela Jesus como a Palavra de Deus encarnada.

A Palavra escrita, ao transmitir na revelação verbal o espírito da Lei e a essência da graça, é a Palavra de Deus, e, de forma plena, é Jesus. A revelação final de Deus na criação é Jesus. Não há dúvida quanto a isso. Portanto, não existe um conflito quanto a Jesus ou a Bíblia serem a Palavra de Deus. As duas ideias se complementam. Jesus é a completitude da Bíblia.

---

[6]Doutrina da Igreja Católica Romana segundo a qual é possível conceder perdão parcial ou total para os pecados cometidos em vida, livrando, assim, a alma de ir para o purgatório.

A BÍBLIA É A PALAVRA DE DEUS
A AUTODECLARAÇÃO DOTADA DE AUTORIDADE

2

Quando lemos a Bíblia, percebemos que os próprios autores estavam cientes de que escreviam o que Deus lhes comunicava, às vezes até mesmo de forma bem direta. Essa convicção também se estendia para o escrito de terceiros. Isso é evidente no Novo Testamento, uma vez que seus autores já consideravam os livros do Antigo Testamento revestidos de autoridade. Foi o caso até mesmo Jesus, que não deixou nada escrito, mas, por ser ele mesmo o tema central da Bíblia, autenticou o conjunto da obra que conhecemos como Bíblia hebraica.

O Novo Testamento também declara sua autoridade como a Palavra de Deus em várias passagens, confirmando que a Bíblia toda se autodeclara revestida de autoridade.

O ANTIGO TESTAMENTO COMO PALAVRA DE DEUS AUTODECLARADA

A Bíblia hebraica, que chamamos de Antigo Testamento, contém 39 livros agrupados por temas. Na Bíblia que temos hoje, eles estão divididos em quatro grandes grupos: Lei ou Pentateuco (Gênesis a Deuteronômio, que são os livros atribuídos a Moisés); História (Josué a Ester); Poesia (Jó a Cântico dos Cânticos) e Profecia (Isaías a Malaquias). A Bíblia hebraica agrupa os livros em três partes: Lei/Ensino (*Torá*, equivalente ao Pentateuco); Profetas (*Neviim*, composto por Josué, Juízes, Samuel, Reis, Isaías, Jeremias, Ezequiel e

Profetas Menores) e Escritos (*Kethuvim*, agrupando os cinco rolos da *Meguilá* [Salmos, Provérbios, Jó, Cântico dos Cânticos, Rute, Lamentações, Eclesiastes e Ester], Daniel, Esdras e Neemias, e Crônicas).[7] Cada uma dessas três partes traz registros a respeito da autoridade da Palavra de Deus.

LEI/ENSINO (*TORÁ*)

Em Êxodo 34:27, lemos: "Disse o SENHOR a Moisés: 'Escreva essas palavras; porque é de acordo com elas que faço aliança com você e com Israel'". Moisés registra aqui um dos momentos em que recebeu a ordem explícita de YAHWEH para escrever o que lhe fora revelado de forma direta no monte Sinai.

Moisés começou seu registro com os Dez Mandamentos, mas escreveu toda a lei, "do início ao fim" (Deuteronômio 31:24), e entregou-a aos levitas com a instrução de que fosse lida na presença de todo o povo a cada sete anos. No ato da entrega, o legislador observou: "Coloquem este Livro da Lei ao lado da arca da aliança do SENHOR, do seu Deus, onde ficará como testemunha contra vocês" (Deuteronômio 31:26). O fato de um livro ter o mesmo peso de condenação contra um povo que uma sentença emitida pelo próprio YAHWEH também é outra evidência de que seu conteúdo é, no mínimo, equiparado à Palavra de Deus.

PROFETAS (*NEVIIM*)

Os profetas, os reis e os sacerdotes ouviam frequentemente a Palavra que vinha da parte de Deus. São comuns nas Escrituras registros como estes: "Então a palavra do SENHOR veio a Elias" (1Reis 17:8); "O SENHOR dirigiu a palavra a Jeremias" (Jeremias 33:19; cf. tb. Jeremias 25:1; Ezequiel 1:3; Zacarias 6:9).

---

[7]A Bíblia hebraica relaciona apenas 24 livros porque alguns estão agrupados em um só: 1 e 2Samuel, 1 e 2Reis, 1 e 2Crônicas, Esdras e Neemias, Profetas Menores (doze livros).

Havia uma sequência de testemunhos sobre a origem divina da mensagem profética. Em primeiro lugar, Deus comunicava aos profetas, de forma direta, a mensagem que deveriam transmitir ao povo. Os profetas, por sua vez, afirmavam que a mensagem que proclamavam reproduzia as palavras proferidas por Deus. Muitas delas iniciavam com a seguinte frase: "Assim diz o Senhor" (cf. Isaías 28:16; Jeremias 2:5; Ezequiel 30:6). Havia aqueles que acreditavam na mensagem, mas o povo, na maioria das vezes, não dava crédito aos profetas, embora tivesse consciência da autoridade de Deus.

Muitas dessas "palavras" anunciadas como provenientes do próprio Deus foram transformadas em linguagem escrita e compuseram vários livros da Bíblia hebraica. A Bíblia é um registro claro e fiel da revelação de Deus para seu povo, os israelitas, e também para nós, cristãos, como povo de Deus.

ESCRITOS (*KETHUVIM*)

"Cada palavra de Deus é comprovadamente pura; ele é um escudo para quem nele se refugia. Nada acrescente às palavras dele, do contrário, ele o repreenderá e mostrará que você é mentiroso" (Provérbios 30:5,6). Tudo o que Deus diz é absolutamente verdadeiro. Assim, temos de concluir que tudo o que procede de Deus tem de ser verdade.

Isso se confirma em outra passagem dos Escritos: "Todas as tuas palavras são verdadeiras" (Salmos 119:160, NTLH). O texto na NVT vai ainda mais longe: "A própria essência de tuas palavras é verdade". Independentemente de quanto adentremos no conhecimento de Deus, de quanto venhamos a nos desenvolver no exercício constante de conhecê-lo, jamais encontraremos algo diferente da verdade. Portanto, quando alguém afirma que algo vem de Deus, o que esse alguém diz tem de ser verdadeiro.

Por todo o Antigo Testamento, vemos refletida a sabedoria do provérbio citado, e a verdade é exaltada e recomendada. Ainda no livro de Provérbios, há um forte argumento favorável à adoção da verdade e à rejeição da mentira: "Os lábios que dizem a verdade permanecem para sempre, mas a língua mentirosa dura apenas um instante" (12:19). As palavras do sábio encontram equivalência em um ditado popular que todos já devemos ter ouvido centenas de vezes: "A mentira tem pernas curtas". Entre as palavras que se sustentam e as que logo são desmentidas, a escolha parece inequívoca.

O NOVO TESTAMENTO COMO PALAVRA DE DEUS AUTODECLARADA

Nos tempos do Antigo Testamento, o livro da Lei era lido diante do povo em ocasiões especiais, e todos tinham consciência de que ouviam a voz de Deus. Vemos isso quando "o sacerdote Esdras trouxe o Livro da Lei perante a comunidade constituída de homens e mulheres e de todas as crianças com idade suficiente para entender. Ficou de frente para a praça, junto à porta das Águas, desde o amanhecer até o meio-dia, e leu em voz alta para todos que podiam entender. Todo o povo ouviu com atenção a leitura do Livro da Lei" (Neemias 8:2,3, NVT). Os autores do Novo Testamento também estavam cientes de que os autores do Antigo Testamento escreveram apenas o que tinham recebido da parte de Deus.

De modo semelhante, os primeiros cristãos também não tinham dúvida de que estavam ouvindo a voz de Deus quando as cartas dos apóstolos eram lidas nas igrejas e os Evangelhos circulavam entre o povo. Desse modo, o Novo Testamento também se autodeclarou Palavra de Deus e foi reconhecido como tal.

Uma vez que Jesus enviara seu Espírito, os autores neotestamentários tinham consciência de que escreviam da parte de Deus. Obviamente, não faziam ideia da dimensão que seus escritos tomariam. E isso foi providencial, porque, se estivessem cientes da grandiosidade do material que produziam, talvez deixassem de escrever algumas das cartas que hoje conhecemos, ou teriam pensado muito mais antes de escrever algo. Deus, intencionalmente, omitiu dos autores a proporção que os textos assumiriam, a fim de que apenas ele completasse sua obra.

No entanto, de alguma forma, os autores do Novo Testamento tinham ciência de que seus escritos também refletiam a verdade de Deus. Vejamos alguns exemplos.

PAULO

O apóstolo Paulo, em uma passagem muito conhecida, diz ao seu discípulo Timóteo: "Toda a Escritura é inspirada por Deus e útil para o ensino, para a repreensão, para a correção e para a instrução na justiça, para que o homem de Deus seja apto e plenamente preparado para toda boa obra" (2Timóteo 3:16,17). Sem dúvida, ele está falando do Antigo Testamento, mas o contexto da carta mostra que Paulo está cobrando de Timóteo o entendimento de que tanto o Antigo Testamento como a carta escrita pelo apóstolo ao jovem obreiro são igualmente inspirados.

> É verdade que em nenhum lugar o apóstolo chama as suas epístolas explicitamente de "Escritura", contudo, em várias ocasiões, ele chega bem perto disso, e encaminha suas cartas para serem lidas nas assembleias cristãs, sem dúvida ao lado das leituras do Antigo Testamento (p. ex., Cl 4:16; 1Ts 5:27). Várias vezes ele afirma estar falando em nome e com a autoridade de Cristo (p. ex., 2Co 2:17; 13:3; Gl 4:14), e chama a sua mensagem de "a palavra de Deus" (p. ex., 1Ts 2:13). Uma vez ele diz que, comunicando o que Deus lhe revelara, não usa "palavras ensinadas pela sabedoria humana, mas ensinadas pelo Espírito" (1Co 2:13). Esta é uma pretensão à inspiração; na verdade, à inspiração verbal, que é a característica distintiva de ser "Escritura". Pedro, sem dúvida, considerava as cartas de Paulo como Escrituras, porque, em se referindo a elas, ele chama o Velho Testamento de "as outras Escrituras" (2Pe 3:16). Além do mais, parece evidente que Paulo encarava a possibilidade de um suplemento cristão ao Velho Testamento, porque combinou

uma citação de Deuteronômio (25:4) com uma palavra de Jesus registrada por Lucas (10:7) e chamou a ambas igualmente de "Escritura" (1Tm 5:18).[8]

OS EVANGELISTAS

Os autores dos Evangelhos (Mateus, Marcos Lucas e João), ao registrarem as ações e palavras de Jesus, incluíram declarações do Mestre sobre o caráter de autoridade dos escritos do Antigo Testamento, bem como das próprias palavras dele.

Em diversas ocasiões, Jesus esclarece que o Antigo Testamento fala de sua pessoa: "Vocês estudam cuidadosamente as Escrituras, porque pensam que nelas vocês têm a vida eterna. E são as Escrituras que testemunham a meu respeito" (João 5:39; cf. Lucas 24:25-27). Ele também deixou claro que tudo o que dizia tinha o mesmo peso daquelas Escrituras: "Os céus e a terra passarão, mas as minhas palavras jamais passarão" (Mateus 24:35).

Desse modo, os Evangelistas, ao registrarem a passagem de Jesus pela terra, tinham ciência de que os ensinos e declarações de Cristo eram tão inspirados quanto a Lei, os Profetas e os Escritos.

A Lei, aliás, é mencionada várias vezes nos Evangelhos e nas cartas de Paulo. Jesus provocou grande sensação quando, em suas palavras a respeito de alimentos puros e impuros, pôs de lado a legislação levítica — a contribuição sacerdotal à Lei — e fez valer a sua palavra (Marcos 7:19). No entanto, Jesus reconhecia os valores permanentes na Lei, afirmando-os em termos seguros: "Digo a verdade: Enquanto existirem céus e terra, de forma alguma desaparecerá da Lei a menor letra ou o menor traço, até que tudo se cumpra" (Mateus 5:18).

JOÃO

O apóstolo João, ao escrever o livro de Apocalipse, demonstra ter a mesma consciência de estar lidando com a verdade de Deus:

---

[8]John Stott, *Tu, porém: a mensagem de 2 Timóteo* (São Paulo: ABU, 1982), p. 45.

"Declaro a todos os que ouvem as palavras da profecia deste livro: Se alguém lhe acrescentar algo, Deus lhe acrescentará as pragas descritas neste livro. Se alguém tirar alguma palavra deste livro de profecia, Deus tirará dele a sua parte na árvore da vida e na cidade santa, que são descritas neste livro" (Apocalipse 22:18,19).

João deixa claro que o que ele está escrevendo vem da parte de Deus. É importante ressaltar: João sabia que seu texto seria lido e, quando o fosse, nenhum tipo de opinião poderia ser acrescentado. Isso revela que o livro de Apocalipse foi inspirado e tinha autoridade para toda a igreja.

A BÍBLIA TODA COMO PALAVRA DE DEUS AUTODECLARADA

É evidente que, de Gênesis a Apocalipse, a Bíblia se autodeclara a Palavra de Deus. Isso se mostra logo nos primeiros versículos, quando vemos a palavra de Deus criando todas as coisas, e no final do livro, quando João faz o alerta explícito sobre qualquer tentativa de alterar a Palavra de Deus.

Portanto, só nos resta crer que toda a Bíblia é Palavra de Deus. Em primeiro lugar, porque nos foi revelada e acreditamos nisso pela fé. Em segundo lugar, porque, quanto mais lemos a Bíblia, mais ela se confirma como Palavra de Deus revestida de autoridade. Quanto mais a lemos, mais conhecemos Jesus, o Cristo.

Fiquemos com as palavras de John William Burgon:

> A Bíblia não é outra coisa mais do que a simples voz do que está sentado no trono. [...] A Bíblia é [...] simplesmente a Palavra de Deus, nada mais, nada menos; é realmente a expressão daquele que tudo governa, a sua Palavra indefectível, infalível, suprema. [9]

---

[9] Cit. em Joseph Angus, *História, doutrina e interpretação da Bíblia* (São Paulo: Hagnos, 2004), p. 100.

O SUSSURRAR DE DEUS AO OUVIDO HUMANO

3

ETECTAMOS NAS PÁGINAS DA BÍBLIA A MANEIRA PELA QUAL os autores bíblicos obtiveram autoridade para falar em nome de Deus: as Escrituras provêm da inspiração do Espírito Santo.

Não há uma explicação minuciosa sobre esse processo, mas, em termos simples, podemos dizer que os autores bíblicos escreveram influenciados pelo Espírito Santo; em alguns casos, as palavras eram diretamente ditadas, como no caso dos profetas. Assim, embora as Escrituras sejam produto da mente de Deus, o estilo e a capacidade de cada autor foram preservados. À exceção das revelações diretas, nenhum deles escreveu algo além de sua capacidade intelectual ou de uma forma que não lhe fosse própria. Como quer que se tenha dado o processo de inspiração, a leitura da Bíblia não deixa dúvida: os autores humanos escreveram sob a influência do Espírito Santo.

O FALAR DIVINO

Quando Paulo escreve em 2Timóteo 3:16 que "toda a Escritura é inspirada por Deus", está se referindo ao sopro de Deus, ao falar divino. Isso significa "que as Escrituras são integralmente produto de Deus [...]. Foi, de fato, Deus quem as produziu — 'divinamente inspiradas'".[10]

---

[10]Merrill Frederick Unger, *Manual bíblico Unger* (São Paulo: Vida Nova, 2011), p. 592-3.

O livro de Gênesis inicia com a fala de Deus. Todas as etapas (ou dias) da Criação são antecedidas por algo que Deus disse: "Haja luz"; "Haja luminares no firmamento do céu"; "Produza a terra seres vivos", e assim por diante. O Novo Testamento afirma que "o universo foi formado *pela palavra de Deus*" (Hebreus 11:3). A Palavra é assim: Deus fala, e o que ele diz acontece.

Deus, com seu sopro, com sua fala, trouxe o campo invisível para o campo visível, e então declarou, depois de ver o que criara, que tudo era bom. O primeiro capítulo de Gênesis mostra Deus falando dez vezes para criar e declarando sete vezes que sua criação era boa, depois que ela se tornou visível.

Antigas narrativas da criação entre os povos da Suméria e do Egito relatam uma situação de conflito cósmico e de caos na qual o mundo veio à existência. É certo que, na narrativa de Gênesis, o caos está presente, porém Deus, pela sua Palavra revestida de autoridade e inspiradora, por meio de ordens firmes e serenas, e em perfeita harmonia com as demais pessoas da Trindade, ao contrário de outras cosmogonias, fez surgir o universo e tudo o que nele existe.

Esse é o entendimento dos autores do Antigo Testamento. Eles compreendem que o fôlego de vida, o sussurrar poderoso e criador, o hálito de Deus soprado no ser humano — diferentemente do que ocorre com os animais, que também surgiram do barro, mas não receberam o sopro da vida —, tudo isso é também inspiração. A palavra "espírito" (*ruach*), no hebraico, significa "vento", "respiração", "espírito". Portanto, a inspiração é algo que sai da boca de Deus e chega até nós. E essa mesma inspiração foi soprada aos ouvidos dos autores das Escrituras.

A INSPIRAÇÃO SEGUNDO OS AUTORES SAGRADOS

Encontramos no texto bíblico várias comprovações da consciência que tinham os profetas de terem recebido a Palavra por meio de um sopro, o Espírito Santo, quando falavam da parte de Deus.

Miqueias, contemporâneo de Isaías e considerado profeta da moralidade social, declara: "Quanto a mim, graças ao poder do Espírito do SENHOR, estou cheio de força e de justiça, para declarar a Jacó a sua transgressão, e a Israel o seu pecado" (Miqueias 3:8). O profeta parece ter receio de acusar o povo de Deus, mas afirma que o Espírito do Senhor veio sobre ele e lhe deu autoridade ("força e justiça") para fazê-lo. Aliás, o versículo inicial de Miqueias anuncia a profecia como "palavra do SENHOR". Oseias, Joel e Jonas também fazem declarações semelhantes na introdução de seus escritos.[11]

Isaías também se pronunciou: "O Espírito do Soberano, o SENHOR, está sobre mim, porque o Senhor ungiu-me para levar boas notícias aos pobres" (Isaías 61:1a). Essa declaração é indubitavelmente uma "palavra do SENHOR", tanto que o próprio Jesus emprega as mesmas palavras para afirmar algo importante sobre sua missão. Jesus era o Messias ungido — a palavra "ungido" é o que se traduz no grego pelo nome "Cristo". Cristo foi ungido pelo Espírito Santo para trazer justiça aos miseráveis e pobres, e salvação à humanidade. A missão do Filho de Deus na terra é resumida nas palavras proferidas por Isaías. Como, então, essa não seria uma comprovação de sua origem divina?

Cabe aqui um último testemunho, de alguém que viveu alguns séculos antes dos profetas citados: o rei Davi, ao proferir suas últimas palavras: "Palavras de Davi, filho de Jessé; palavras do homem que foi exaltado, do ungido pelo Deus de Jacó, do cantor dos cânticos de Israel: 'O Espírito do SENHOR falou por meu intermédio; sua palavra esteve em minha língua'" (2Samuel 23:1,2). O grande rei de Israel afirma estar falando por inspiração do Espírito Santo. Davi, porém, não se refere a um momento específico de sua caminhada; durante toda a sua vida, suas palavras registradas nas Escrituras foram inspiradas por Deus.

---

[11]David S. Dockery, org., *Manual bíblico Vida Nova* (São Paulo: Vida Nova, 2010), p. 518.

Ainda que não seja possível saber exatamente como se deu a inspiração dos autores bíblicos, toda a Bíblia traz o testemunho deles, afirmando que o sopro do Espírito os capacitou a escrever o que vinha da parte de Deus. É interessante notar que nenhum autor declara ter entrado em algum tipo de transe ao registrar as palavras divinas. Pelo contrário: eles afirmam estar plenamente conscientes ao escrever. A inspiração de Deus não desvincula o autor de sua *persona*. Podemos citar como exemplo o caso de Ezequiel. Mesmo depois de haver recebido diferentes visões, ele sabia que estava vivenciando um momento com Deus, e esperava a visão terminar para relatá-la (Ezequiel 11:24,25). O mesmo acontece com João no livro de Apocalipse: "Eu, João, [...] estava na ilha de Patmos [...]. No dia do Senhor achei-me no Espírito e ouvi por trás de mim uma voz forte" (Apocalipse 1:9,10).

Em suma, todos os autores bíblicos tinham consciência de quem eram e de que estavam tendo uma visão, a qual, depois, era relatada da maneira com que estavam acostumados a escrever, cada qual ao seu estilo, seu repertório, sua capacidade intelectual e sob a influência de sua época e de sua cultura, mas todos inspirados pelo Espírito Santo.

O QUE É INSPIRAÇÃO?

Com base nos testemunhos dos autores sagrados e do que podemos deduzir de outras passagens da Bíblia, alguns teólogos e comentaristas das Escrituras sugeriram possíveis definições para a inspiração do Espírito Santo no registro das sagradas palavras. A título de exemplo, reproduzimos algumas:

> Com o termo *inspiração*, referimo-nos à atividade do Espírito Santo na direção e na orientação dos autores das Escrituras de tal modo que o que eles escreveram era realmente a Palavra de Deus ou exatamente o que Deus desejava que ficasse registrado.[12]

_____

[12]Millard J. Erickson, "A inspiração e a autoridade da Bíblia", in: David S. Dockery, org., *Manual bíblico Vida Nova*, p. 28.

[Inspiração é o] Meio pelo qual a Bíblia, compilação de livros escritos por autores humanos, tornou-se também a palavra de Deus. Crê-se que o Espírito Santo inspirou os escritores de modo que os seus livros transmitem o significado que Deus pretendeu, mas sem diminuir a individualidade dos escritores.[13]

O uso teológico do termo *inspiração* é uma referência àquela influência controladora que Deus exerceu sobre os autores humanos através dos quais o Antigo e o Novo Testamento foram escritos.[14]

A inspiração é uma influência sobrenatural do Espírito Santo sobre homens divinamente escolhidos, de modo que os escritos deles tornam-se fidedignos e autorizados.[15]

As definições podem variar, mas o ponto com o qual todos esses estudiosos da Bíblia, entre outros, parecem concordar é que, sob a influência do Espírito Santo, esses autores humanos, sem perder a individualidade, escreveram o que Deus queria comunicar à humanidade.

---

[13]"Glossário", in: Robin Keeley, org., *Fundamentos da teologia cristã* (São Paulo: Vida, 2000), p. 338.

[14]Lewis Sperry Chafer, *Teologia sistemática* (São Paulo: IBR, 1986), v. 1, p. 67.

[15]C. F. H. Henry, "Bíblia, inspiração da", in: Walter A. Elwell, org., *Enciclopédia histórico-teológica da igreja cristã* (São Paulo: Vida Nova, 2010), p. 185.

UM LIVRO 100% DIVINO POR SER 100% HUMANO

4

UMA DAS DOUTRINAS MAIS INTRIGANTES DO CRISTIANISMO É A da "união hipostática" (do grego *hypostasis*, "substância, natureza, essência"), que aborda as duas naturezas — a divina e a humana — reunidas na pessoa de Jesus Cristo. De acordo com essa doutrina, Jesus é cem por cento homem e cem por cento Deus. Algo semelhante ocorre com a Bíblia Sagrada. Ela é totalmente inspirada por Deus (cem por cento divina) e totalmente produzida por homens (cem por cento humana). Por isso, para entender a Bíblia e sua inspiração, podemos estabelecer um paralelo útil com as duas naturezas de Jesus.

CRISTO: DEUS E HOMEM

Nos primeiros séculos da era cristã, houve muita discussão em torno da natureza de Jesus. Muitos estavam convencidos de que ele era cem por cento humano. Afinal, ele podia ser visto e tocado, e em nada era diferente dos outros judeus. A maior diferença, segundo as testemunhas, estava no seu ensino: "ele as ensinava [as multidões] como quem tem autoridade, e não como os mestres da lei" (Lucas 7:19). As pessoas o cercavam para ser curadas de diversas doenças e para ouvi-lo. Nisso, ele era diferente dos líderes religiosos da época, porém era humano como qualquer um de seus compatriotas.

Ao mesmo tempo, muitos dos que o conheciam acreditavam que ele tinha uma natureza cem por cento divina. A dupla natureza de Cristo já fora mencionada pelo anjo que anunciou seu nascimento a Maria: "*Você* ficará grávida e [...] aquele que há de nascer será chamado Santo, *Filho de Deus*" (Lucas 1:31,35). Jesus se referia a Deus como "meu Pai", e muitos creram nele. Marcos começa seu Evangelho dizendo: "Princípio do evangelho de Jesus Cristo, o Filho de Deus" (Marcos 1:1), e João declarou: "Aquele que é a Palavra tornou-se carne e viveu entre nós" (João 1:14). Ou seja, mesmo sendo visível e palpável, Jesus não deixava de ser Deus. O próprio Pai testemunhou disso quando Jesus foi batizado: "Este é o meu Filho amado, em quem me agrado" (Mateus 3:17; cf. Lucas 9:35).

Algumas décadas depois que Jesus concluiu sua obra redentora e ascendeu ao céu, os cristãos começaram a discutir sobre quanto Jesus era humano e quanto era divino. Ou se ele era mesmo humano. Ou se era, de fato, divino.

No final do primeiro século, surgiu o docetismo, que negava a humanidade de Cristo. De acordo com essa doutrina, ele apenas parecia humano. No segundo século, o ebionismo negou a natureza divina de Cristo; segundo entendiam seus defensores, Cristo recebera o Espírito após o batismo, não sendo preexistente, como atestou João. No quinto século, o nestorianismo negava a união das duas naturezas de Cristo; e, ainda nesse mesmo século, o eutiquianismo negava a distinção entre as duas naturezas, ao propor que a natureza humana de Cristo fora absorvida pela divina. Todas essas doutrinas foram refutadas como heresias, e o Concílio de Calcedônia, realizado no ano 451, confirmou o que era a crença da maioria da igreja espalhada pelo mundo: a união milagrosa entre divindade e humanidade em uma só pessoa, Jesus Cristo. Quando Jesus se declara Filho de Deus, ele está afirmando que é cem por cento divino e, ao mesmo tempo, cem por cento humano.

Reconhecidamente, a união hipostática é um dos grandes mistérios do cristianismo, um paradoxo que não pode ser resolvido de forma lógica. Por ser humano, Jesus tinha necessidades fisiológicas. Ele sentia fome (Mateus 21:18), cansaço e sede (João 4:6,7). Como todo ser humano, também enfrentou tentações reais (Mateus 4:1-11; Lucas 4:1-13). É importante destacar esse fato porque alguns, quando leem a passagem da tentação de Jesus no deserto, entendem que não passou de encenação, uma vez que ele era divino. Mas a própria Bíblia afirma que Jesus foi tentado; caso contrário, ele não seria humano. Da mesma forma, há quem não entenda certos relatos bíblicos, como o da agonia no Getsêmani. Dizem que um ser divino não poderia experimentar tamanha angústia, a ponto de declarar: "A minha alma está profundamente triste, numa tristeza mortal" (Mateus 26:38). Da mesma forma, ele não seria cem por cento humano se não sofresse.

> Jesus Cristo não somente era pleno Deus, como pleno ser humano. Ele não era em parte Deus e em parte homem. Antes, era cem por cento Deus e, ao mesmo tempo, cem por cento homem. Em outras palavras, ele exibia um conjunto pleno tanto de qualidades divinas quanto de qualidades humanas, numa mesma Pessoa, de tal modo que essas qualidades não interferiam uma com a outra. Ele há de retornar como "esse mesmo Jesus" (At 1. 11).[16]

Em suma, Jesus era divino e humano, e sua humanidade não comprometia sua divindade, e vice-versa. A composição divino-humana da Bíblia segue a mesma lógica.

O SER HUMANO E A IMAGEM DE DEUS

A divisão total entre o que é humano e, consequentemente, pecador e o que é divino e, consequentemente, santo teve origem nos últimos quinhentos anos. Trata-se de um pensamento moderno chamado "dualismo", que entende que algo só pode ser uma coisa ou outra. A Bíblia, por exemplo, é divina ou humana; celestial ou terrena; espiritual ou física. O dualismo divide o mundo em esferas que jamais se entrelaçam.

---

[16]Stanley M. Horton; William W. Menzies, *Doutrinas bíblicas* (Rio de Janeiro: CPAD, 1995), p. 63.

Dessa forma, Deus é posto de um lado, e o homem, do outro, sem nunca se misturarem. Mas será que essa é a visão que a Bíblia apresenta? Nas primeiras páginas, lemos: "Façamos o homem à nossa imagem, conforme a nossa semelhança [...] Criou Deus o homem à sua imagem, à imagem de Deus o criou; homem e mulher os criou" (Gênesis 1:26,27). Esse é o texto básico para entendermos a singularidade da raça humana. Deus não criou algo totalmente diferente dele: criou seres à sua semelhança. Jesus, quando encarnou, não assumiu a forma de pessoas. Nós é que ganhamos a forma do Cristo preexistente quando fomos criados.

E o que significa ser criado à imagem e à semelhança de Deus? Essa expressão tem duas referências. A primeira seria a "imagem" como representação de Deus — por esse motivo, Deus ordenou nos Dez Mandamentos que não fossem feitas imagens que o representassem. A imagem dele já está representada. Se quisermos ver Deus, basta olhar para o próximo. Com isso, Deus quer dizer que ele não é um Deus de imagens. O ser humano é a representação da imagem dele.

A segunda referência diz respeito aos reis e poderosos da antiguidade. Eles eram considerados "a imagem de Deus", o ungido. Todo rei era o messias (hebraico) ou o cristo (grego) da divindade em que ele cria. Eles tinham a função de governar o povo e de representar diante deles a divindade, representando também o povo diante da divindade. Deus também nos deu essa incumbência na Criação, antes da Queda. Nós temos de governar sobre a criação, dar nomes aos animais, cultivar alimentos. Somos reis nesta terra. Assim como os governantes, que eram vistos como divinos, temos também certa "divindade", no sentido de sermos criados à imagem de Deus.

Mesmo com a Queda, ainda temos em nós elementos divinos. Após o relato do Dilúvio — ou seja, muito tempo depois da Queda —, Deus decretou: "Quem derramar sangue do homem, pelo homem seu sangue será derramado; porque à imagem de Deus foi o homem criado" (Gênesis 9:6). O derramamento de sangue é um pecado imperdoável justamente por termos sido criados à imagem de Deus.

Costumo nos classificar como humanamente divinos e divinamente humanos. Não estou afirmando que somos Deus, mas, quando estamos no Espírito Santo, totalmente regenerados, somos iguais a ele. Do mesmo modo, quando os autores bíblicos foram inspirados, foram regenerados para poder declarar aquilo que o Senhor tinha a intenção de comunicar. Nessa empreitada, estavam em cooperação mútua. Por isso, o embate entre o que é do homem e o que é de Deus nas Escrituras não existe.

Quando as pessoas em Babel intentarram construir "uma torre que alcance os céus" (Gênesis 11:1-9), pretendiam apropriar-se do céu e, assim, tornar-se iguais a Deus. No entanto, a imagem de Deus nos é dada pelo Espírito Santo, e não pode ser extraída à força. Ou seja, fomos criados em uma condição muito especial, na junção entre céus e terra, ePtre mundo espiritual e mundo material. Essa condição não só existia no Éden, em que a comunhão de Deus com o ser humano era plena, mas também na essência de nossa imagem e semelhança. Mesmo depois da Queda, queremos retornar para a comunhão com Deus, queremos ser plenamente imagem e semelhança do Deus que nos criou. Essa será a saga do Antigo Testamento a partir de Gênesis 3, depois que o ser humano pecou e foi expulso do Paraíso. O Antigo Testamento mostra como homens e mulheres de Deus fracassaram em ter uma vida santa e justa diante de Deus, não conseguindo ser novos Adões e Evas para retornar à Terra Santa de Deus, o Éden. O retorno só será possível quando o segundo Adão — Jesus, cem por cento homem e cem por cento Deus — restaurar a criação afetada pela Queda.

DIAGRAMA 1

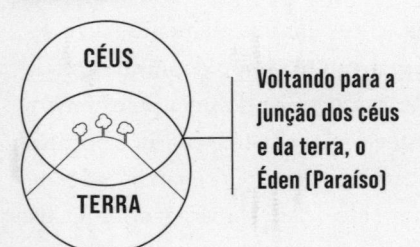

Voltando para a junção dos céus e da terra, o Éden (Paraíso)

O Antigo Testamento vai mostrar que os homens e as mulheres de Deus fracassaram em ter uma vida santa e justa diante de Deus, não conseguindo ser novos Adões e Evas para retornar à Terra Santa de Deus, o Éden.

A BÍBLIA: DIVINA E HUMANA

Essa dupla natureza, presente em Cristo e também em nós, é percebida na Bíblia. Por ser cem por cento humana, a Bíblia apresenta relatos sobre várias culturas e povos. Os textos escritos condizem com a época em que foram registrados, seja por conterem lições específicas para um povo, seja pelas limitações científicas, em face do que era desconhecido no momento em que foram produzidos. No entanto, por ser divina, a Bíblia declara verdades ao coração humano até os dias de hoje. Ela pode ser lida em qualquer situação ou época, e revelará a verdadeira Palavra, que é Jesus Cristo.

Em resumo, a Palavra de Deus é divina e narrada em contextos históricos diferentes, o que demanda uma interpretação boa e saudável.

Isso deixa uma pergunta sincera no ar, e é por causa dela que escrevo este livro: ao ler a Bíblia, como distinguir entre o temporal, relativo à época do autor, e o eterno? Quando lemos leis sobre o território de Israel ou acerca da divisão das tribos, fica fácil sabermos que eram para aquele tempo. Quando lemos que todos os que invocarem o nome do Senhor serão salvos, percebemos que se trata de algo aplicável a todas as pessoas de todas as épocas, e não só na época em que Paulo escreveu aos romanos. Contudo, há outros textos na Bíblia que não são tão evidentes quanto à sua aplicabilidade. Então, mesmo sabendo que toda a Bíblia é inspirada e revestida de autoridade, como distinguir entre o temporal e o eterno? A interpretação bíblica se faz necessária pela tensão existente entre a relevância eterna e a particularidade histórica das Escrituras.

Às vezes podemos nos sentir tentados a deixar de lado alguns aspectos da Bíblia, justificando-nos com o fato de ela ter sido escrita por seres humanos pecadores, enquanto aceitamos outros aspectos como divinos. Contudo, quanto mais somos expostos ao texto bíblico, mais essa incerteza se dilui. Com a leitura da Bíblia e uma interpretação acurada, obtemos discernimento do Espírito Santo para entender o que é de fato eterno e o que, mesmo sendo da parte de Deus, é temporal.

Não podemos esquecer, porém, que, a despeito do que seja temporal ou eterno, histórico ou espiritual, por ser a Palavra de Deus, a relevância da Bíblia é eterna. Ela fala à humanidade de todas as eras e de todas as culturas, a fim de revelar Deus de forma especial. Deus escolhe revelar-se na história por meio de uma história. Por isso, todo livro na Bíblia tem sua particularidade histórica, cultural e linguística. Como escreveram os teólogos Andreas J. Köstenberger e Richard D. Patterson,

> o cristianismo é uma religião histórica fundamentada em um fato histórico: a ressurreição de Jesus Cristo [...]. Se a ressurreição de Jesus não ocorreu na *história*, nós não estamos salvos, mas permanecemos em nossos pecados (1Co 15:16-19).[17]

Portanto, é nítido que Deus não encara o mundo de forma dualista. Esferas muitas vezes vistas como intocáveis misturam-se na Bíblia. A imagem santa de Deus, que recebemos na Criação por meio de seu sopro (Espírito), indica que ser verdadeiramente humano é ser como Jesus.

DIAGRAMA 2

Apocalipse 21:1-3
Então vi um novo céu e uma nova terra, pois o primeiro céu e a primeira terra tinham passado; e o mar já não existia. Vi a cidade santa, a nova Jerusalém, que descia do céu, da parte de Deus, preparada como uma noiva adornada para o seu marido. Ouvi uma forte voz que vinha do trono e dizia: "Agora o tabernáculo de Deus está com os homens, com os quais ele viverá. Eles serão os seus povos; o próprio Deus estará com eles e será o seu Deus...".

---

[17]*Convite à interpretação bíblica: a tríade hermenêutica* (São Paulo: Vida Nova, 2015), p. 94-5.

Quando Jesus desceu à terra, ele vinha como o último e definitivo Adão (cf. 1Coríntios 15:45). Ele é o molde que inspirou a "imagem e semelhança" que todo ser humano deveria ser. Ser humano tornou possível que os autores das Escrituras não cometessem erros, porque também eram divinos em Jesus.

LEITURAS EQUIVOCADAS DA BÍBLIA

Certa vez, comprei um móvel para minha casa, e ele veio desmontado. Quando procurei a chave de fenda na minha caixa de ferramentas, percebi que ela havia sumido. Como eu queria montar o móvel naquele mesmo dia, resolvi improvisar e peguei na cozinha uma faca de passar manteiga. Até consegui apertar o primeiro parafuso direitinho, porém, no segundo, percebi que a fenda havia espanado um pouco. A faca também estava um pouco danificada. Quando cheguei ao quarto parafuso, tive de desistir, porque tanto a faca como os parafusos estavam estragados.

Isso é semelhante ao que acontece quando se tem uma visão equivocada das Escrituras e uma metodologia incorreta de interpretação bíblica. É possível até compreender corretamente o que a Bíblia diz e ser abençoado. Porém, mais cedo ou mais tarde, o leitor terá dificuldades de interpretar o que Deus revela em sua Palavra, e se desanimará ao não conseguir aplicar as verdades espirituais em sua vida.

Dessa forma, é de grande ajuda na tarefa da interpretação das Escrituras, e, por conseguinte, na distinção entre o temporal e o eterno, descartar leituras equivocadas. Mesmo que se entenda e se submeta à autoridade da Bíblia, ainda é possível não entender a Palavra ou interpretá-la de forma incorreta. Tive alunos piedosos que acreditavam na autoridade bíblica, mas erravam na interpretação das Escrituras por terem uma ideia equivocada do propósito final da Palavra de Deus. Há basicamente três formas de "espanar" a interpretação bíblica.

EQUÍVOCO 1: A BÍBLIA COMO DICIONÁRIO TEOLÓGICO

Muitos erram na leitura da Bíblia porque a entendem como um grande dicionário teológico. Assim como consultam os verbetes num dicionário de português, fazem o mesmo com a Palavra, buscando nela o significado espiritual das coisas, analisando-a como um livro sistematizado. Ao procurar o significado de salvação, por exemplo, saltam de versículo em versículo, e de história em história, até formar seu próprio conceito sobre o termo.

O problema desse tipo de leitura é que, embora funcione em certas ocasiões, com o tempo induzirá o leitor a tirar os textos de seu contexto sem a preocupação de entender o enredo de cada livro bíblico. Ou seja, o texto é distorcido para caber no "verbete".

Dentro do exemplo proposto, quem vê a Bíblia como um grande dicionário teológico poderá deparar com estes dois textos sobre a salvação:

> Alguém lhe perguntou: "Senhor, serão poucos os salvos?" Ele lhes disse: "Esforcem-se para entrar pela porta estreita, porque eu digo a vocês que muitos tentarão entrar e não conseguirão" (Lucas 13:23,24).

> Aqueles que Deus de antemão conheceu ele também predestinou para serem conformes à imagem de seu Filho, a fim de que ele seja o primogênito entre muitos irmãos (Romanos 8:29).

E, dependendo da linha teológica ou da tradição eclesiástica do leitor, tenderá a distorcer o que não se encaixa em sua teologia: ou fará o primeiro texto encaixar de alguma forma na doutrina da eleição, ou fará o segundo concordar com o livre-arbítrio. Esse tipo de leitura, que ignora o texto completo, não leva em conta que a Bíblia usa paradoxos que não podem ser resolvidos pela lógica humana.

Não estou negando o valor da teologia sistemática, que cataloga de forma organizada temas caros para a igreja, como, por exemplo, a dupla natureza de Cristo, a salvação e a Trindade, entre outros. Sou grato pela sistematização doutrinária elaborada por teólogos extremamente bíblicos e comprometidos com o significado de cada texto da Palavra de Deus. A boa sistematização da Bíblia é fruto de muita leitura e de esmero na interpretação das Escrituras, respeitando as peculiaridades de cada autor e de cada texto bíblico, sem esquecer que o Espírito Santo inspirou cada um em seu contexto. Isso, porém, não justifica a leitura da Bíblia como um dicionário teológico. Ela deve ser examinada de acordo com suas regras de interpretação.

EQUÍVOCO 2: A BÍBLIA COMO COLETÂNEA DE LIÇÕES MORAIS

Outra forma errada de enxergar a Bíblia é vê-la como um livro moralizante. Obviamente, ela contém ensinos morais preciosos para a conduta humana, que devem ser aplicados à nossa vida. Contudo, se para você a Bíblia é apenas um livro de conteúdo moral, logo encontrará dificuldade na tarefa da aplicar as morais encontradas, pois ela não foi escrita com esse propósito.

Em textos como Gênesis 3, a história dos patriarcas, Levítico e os Livros de Sabedoria, só para citar alguns exemplos, você terá muita dificuldade em extrair lições de moral de sua leitura. Isso acontece porque a Palavra de Deus é tanto um livro de moral como espiritual, e tem o propósito de apresentar Jesus Cristo e o evangelho do Reino.

Outro exemplo são as parábolas de Jesus. De uma forma diferente das fábulas que aprendemos na infância, nas quais um personagem toma a decisão ruim, e outro, a decisão certa, de onde se extrai, assim, a "moral da história", as parábolas de Jesus seguem outra lógica. Em geral, as parábolas apontam dois caminhos diversos, ambos aparentemente corretos, porém um deles é correto apenas de acordo com a visão moralista humana. O outro é o caminho de cunho espiritual, interior, que só o Pai pode ver. Na Parábola dos Alicerces (Mateus 7:24-27), por exemplo, Jesus menciona dois tipos de construtores: o prudente e o insensato. Esses dois tipos de pessoas estão entre os ouvintes que escutam atentamente Jesus no monte, e o fato de estarem ali, ouvindo, aparentemente os coloca no caminho certo. Quando saírem dali, os insensatos construirão sua vida de forma superficial, enquanto os prudentes a edificarão sobre uma base sólida, que ninguém vê, apenas o Senhor.

Na Parábola do Fariseu e do Publicano (Lucas 18:9-14), ambos parecem moralmente corretos, fazendo a coisa certa, pois são homens que creem em Deus. Seguem a religião certa, pois foram ao Templo para orar. Mas o que está errado com um deles? Ele se achava justificado, pois suas atitudes morais eram visíveis. Ninguém podia acusá-lo de nada: era um cidadão impecável. Já o segundo era um desprezível cobrador de impostos, considerado um traidor da nação. Sua imoralidade e seus pecados eram bem visíveis. Nessa história, Jesus mostra que apenas um deles tinha consciência espiritual de sua condição decadente, enquanto o outro orava de forma arrogante, de "si para si". Jesus deixou claro que só um havia saído justificado do Templo — e não foi o moralmente correto.

Podemos ainda extrair um último exemplo do Sermão do Monte. Jesus fala de atitudes moralmente boas, como ajudar os necessitados (Mateus 6:1-4), orar diariamente (Mateus 6:5-8) e jejuar (Mateus 6:16-18), e mostra que, ao pôr em prática uma delas, sempre escolheremos entre dois caminhos: o visível, da religiosidade, que busca o reconhecimento dos homens, e o invisível, do evangelho, que busca o reconhecimento de Deus.

EQUÍVOCO 3: A BÍBLIA COMO PÍLULAS DIÁRIAS

A terceira forma equivocada de ler a Bíblia é tratá-la como pílulas diárias de bênçãos tomadas ao acaso. Sem dúvida, o hábito de ler a Bíblia todos os dias não só é bom, mas também desejável a todos os seguidores de Jesus que querem conhecer mais e mais de Deus. Mas esse tipo de leitura, que consiste em ler pequenos trechos e aplicá-los ao dia a dia, como se a Bíblia fosse um manual diário para a vida do crente, traz malefícios no longo prazo.

Tempos atrás, comprei minha primeira máquina de lavar louças. Eu apenas queria lavar a louça de forma prática, porém deparei com uma engenhoca cheia de botões. Não fazia ideia de que uma máquina para uma tarefa tão simples tivesse tantas funções. O manual era gigantesco, mas fui logo para a parte que mostrava como lavar a louça — e deu certo. Com o tempo, descobri mais uma ou duas funções que me foram úteis, e nunca mais voltei ao manual. Há instruções ali que nunca vou ler, pois tratam de funções que nunca vou utilizar. O manual foi útil para me explicar o que eu queria saber.

A Bíblia, porém, não é esse tipo de manual para ser consultado e, depois, descartado. Ler parábolas, episódios da vida de Jesus, salmos ou histórias para aplicá-los ao cotidiano tem sua utilidade, mas, diante dos textos proféticos, das Leis e de outras passagens menos cristalinas, esse método não tem eficácia alguma.

Lembro-me da famosa caixinha de promessas da minha tia. Era uma caixinha de madeira que continha dezenas de pequenos cartõezinhos coloridos, cada qual com um versículo referente a uma promessa de Deus. Quando eu era criança, minha tia tinha o costume de tirar uma promessa por dia, ler o versículo, orar e partir para seu dia de trabalho. Quando me tornei adulto e comecei a levar a sério a leitura da Palavra, aprendi que há na Bíblia vários tipos de promessas, algumas restritas ao tempo em que foram proferidas; outras vinculadas a requisitos que o crente precisa satisfazer para recebê-las; outras ainda disponíveis a todos. É preciso saber diferenciar uma da outra, para não apoiar sua fé e seu relacionamento com Deus em promessas que não lhe dizem respeito, enquanto ignora as que realmente são designadas a você.

Quando falo sobre essa forma de ler a Bíblia aos meus alunos, costumo brincar, dizendo que deveria existir também uma "caixinha de maldições", pois a Bíblia está cheia delas, tão inspiradas quanto as promessas.

Em suma, leituras equivocadas e incompletas não conseguem captar o mosaico completo das Escrituras. Toda a história da Bíblia, de Gênesis a Apocalipse, aponta e revela o Messias Jesus e seu evangelho. O hábito de recortar o texto levará o leitor a perder de vista a mensagem principal da Palavra de Deus, a deixar de lado textos inspirados, por não serem de um gênero adequado à devoção diária, e a tirar passagens de contexto, interpretando-as erroneamente.

ABISMOS ENTRE AUTORES BÍBLICOS E LEITORES ATUAIS

5

A PALAVRA DE DEUS EM SUA PRIMEIRA PARTE, O ANTIGO Testamento, começou a ser registrada muitas gerações depois dos primeiros fatos ali narrados. A segunda parte, o Novo Testamento, começa vários anos depois da ressurreição de Cristo. Por um lado, isso nos possibilitou uma tremenda vantagem, pois obtivemos um testemunho escrito, gravado de maneira mais segura, sem depender da cultura de transmissão oral, que ia se esvaindo. Por outro lado, dada a natureza própria do documento, abriu-se um abismo entre o sentido do registro e a compreensão dos futuros leitores, lacuna inevitável quando se trata de feitos registrados em diferentes épocas, culturas, regiões, entre outros fatores.

A hermenêutica é a ciência que busca transpor esses abismos, e eles, de certa forma, tornam-se um incentivo para o estudo da Bíblia. Todos temos dificuldades, mas, com a metodologia correta e a constância na leitura da Palavra, é possível superá-las.

OS SEIS ABISMOS INTERPRETATIVOS

Em seu livro *A interpretação bíblica*, Roy B. Zuck identifica seis abismos que se tornam evidentes quando nos aproximamos da Bíblia. Trataremos de cada um deles na sequência.

1. ABISMO CRONOLÓGICO OU TEMPORAL

Quando lemos a Bíblia, estamos diante de um compilado de textos, e os mais recentes deles foram finalizados há quase dois mil anos.

Ler as Escrituras é dar um salto no tempo. Quando lemos algum autor do século passado, é natural que tenhamos dificuldade para entendê-lo, seja pela forma que o texto foi escrito, seja pela contextualização do pensamento do autor em sua época. Na Bíblia, essa dificuldade se intensifica. Dependendo da passagem, estamos diante de um texto que está distante de nós por mais de três mil anos, e isso sem levar em conta o idioma. Desse modo, é necessário que dediquemos algum tempo de nossa caminhada para entender a cosmovisão da Antiguidade.

Tal entendimento nos permitirá ver com mais clareza a mensagem que os autores queriam transmitir. Por exemplo: toda vez que lemos na Bíblia a expressão "nos céus e na terra", tendemos a pensar nessas duas figuras de forma literal: os "céus" como o céu que contemplamos, e a "terra" como o planeta em que vivemos. Na verdade, esses termos podem ter outros sentidos. Especialmente em Gênesis, quando lemos: "No princípio Deus criou os céus e a terra" (1:1), o que o texto diz é que Deus dividiu o espaço em duas dimensões. Obviamente, o termo "os céus" pode ser uma referência ao firmamento estrelado que enxergamos. A expressão, entretanto, também pode ser entendida como uma metáfora do reino de Deus. Igualmente, a palavra "terra" indica de forma literal o lugar em que vivemos, mas, pelo fato de contrastar com "os céus", pode representar a humanidade. O contraste entre terra e céus é observado em diversas passagens das Escrituras.

É isto que precisamos entender: boa parte do que foi escrito estava condicionada à cultura e ao conhecimento da época. Existiam termos e fatos que eram desconhecidos naqueles tempos, que Deus não anteciparia. Em contrapartida, se aplicarmos a visão de hoje à leitura da Bíblia, não entenderemos a cosmovisão da época e nos distanciaremos ainda mais da intenção final do autor. Assim, para entender melhor o texto, devemos conhecer a cosmovisão antiga e levar em conta a distância entre nós e o autor bíblico.

2. ABISMO GEOGRÁFICO OU ESPACIAL

Mesmo quem hoje reside na região em que os textos bíblicos foram escritos tem muita dificuldade para reconhecer com exatidão os lugares nos quais os acontecimentos foram narrados. A geografia física muda drasticamente com o passar dos séculos, mas cada designação geográfica tinha um significado específico para o povo que ali vivia. O mesmo acontece nos dias de hoje. Quando um estrangeiro vem nos visitar, valemo-nos de nossas localizações e distâncias para nos comunicar com ele.

Pensemos um pouco nisso. Ao identificar na Bíblia diferentes lugares, como Galileia, Judeia ou Samaria, percebemos que cada região representava algo diferente para os autores. Quando lemos sobre a Judeia, por exemplo, o autor está se referindo aos judeus que sobreviveram ao Exílio, mantendo-se puros e isolados. Quanto à Galileia, por mais que também fossem remanescentes do Exílio e não tivessem se misturado com outras nações, o povo que ali habitava adotou uma teologia que não era bem-vista. Por isso, os galileus eram desprezados. Assim, quando, em um texto, vemos alguém se referir a Jesus como galileu, o tom é sempre pejorativo. Os samaritanos, por sua vez, eram judeus que se haviam misturado com outros povos e, por esse motivo, não eram bem-vistos pelos demais. O próprio Jesus foi acusado de ser samaritano: "Não estamos certos em dizer que *você é samaritano* e está endemoninhado?" (João 8:48). Essa era uma forma de demonstrar raiva e desprezo por uma pessoa.

Em suma, toda vez que um local geográfico é citado, não se trata apenas de localização. A referência implica algum significado cultural para a época. Portanto, se não estudarmos a geografia da época, não compreenderemos a real intenção do autor ao fazer menção de algum lugar.

3. ABISMO CULTURAL OU DE COSTUMES

A cultura dos tempos bíblicos é muito diferente da cultura dos dias de hoje. Quando comparamos nossa cultura à daquela época tão remota, o abismo entre ambas é muito maior do que se compararmos a cultura brasileira com a cultura americana, por exemplo.

Um dos inúmeros casos bíblicos que ilustram a necessidade de conhecer melhor a cultura bíblica envolve a menção a pessoas descalças e pessoas que usam sandálias. Trata-se de uma referência aos escravos (pobres) e aos cidadãos abastados (ricos). Um caso bem conhecido é o da Parábola do Filho Pródigo. O filho retornou para a casa do pai, o qual imediatamente ordenou: "Coloquem-lhe um anel no dedo e *sandálias nos pés*" (Lucas 15:22, NVT). A ordem de calçá-lo com sandálias era uma forma de dizer que o filho não se tornaria escravo.

Na mesma parábola, temos outra referência a escravos: "Estando ainda longe, seu pai o viu e, cheio de compaixão, *correu para seu filho, e o abraçou e beijou*" (v. 20). Quando o texto bíblico retrata alguém correndo para algum lugar ou até alguém, ele se refere a escravos, porque só os escravos corriam dessa forma. Na parábola, porém, quando o pai corre até o filho, o autor transmite a ideia do amor e da compaixão do Pai para com o perdido.

Esse e muitos outros exemplos demonstram que só resolveremos essas questões com o estudo contínuo da cultura dos tempos bíblicos, descobrindo o que cada referência ou até mesmo cada palavra significava para os leitores originais.

4. ABISMO LINGUÍSTICO

O abismo do idioma foi bem encurtado em consequência das traduções disponibilizadas ao longo dos séculos. Mesmo assim, algumas palavras traduzidas não expressam o sentido pleno na língua de origem. Os tempos e modos verbais também são diferentes dos que temos em português.

Por exemplo, no grego *koiné* — variante da língua grega em que foi escrito o Novo Testamento —, há voz passiva, voz ativa e voz média. Cada uma é utilizada de acordo com o sujeito e o objeto de um verbo. Na voz ativa, o sujeito realiza a ação. Na voz passiva, o sujeito recebe a ação, como lemos, por exemplo, quando Paulo pergunta aos coríntios: "Que batismo vocês receberam?" (Atos 19:3). Trata-se aqui da voz passiva evidentemente, uma vez que ninguém batiza a si mesmo. Mas, em alguns trechos da Bíblia, os tradutores encontram dificuldade para definir o tipo de voz que está sendo usado. Na Carta aos Efésios, por exemplo, lemos: "E não vos embriagueis com vinho, no qual há dissolução, mas enchei-vos do Espírito..." (Efésios 5:18, ARA). Paulo usa o verbo "encher", no grego, na voz passiva, com o propósito de indicar que não conseguimos encher a nós mesmos com o Espírito. Mas perceba como em português essa ideia não fica clara. Por isso, algumas versões mais recentes tentam resgatar esse sentido de forma mais clara, como a Nova Almeida Atualizada: "E não se embriaguem com vinho, pois isso leva à devassidão, mas deixem-se encher do Espírito...". Outro exemplo é 1Coríntios 15:1,2, em que lemos: "Irmãos, quero lembrar-lhes o evangelho que lhes preguei, o qual vocês receberam e no qual estão firmes. Por meio deste evangelho vocês são salvos, desde que se apeguem firmemente à palavra que lhes preguei; caso contrário, vocês têm crido em vão". Nessa passagem, "vocês são salvos" tem no original um sentido mais progressivo ou de uma progressão que se cumpre plenamente no futuro: "vocês estão sendo salvos" ($\sigma\omega\zeta\varepsilon\sigma\theta\varepsilon$), que é como apenas poucas versões traduzem o termo. Ao traduzir o verbo no presente simples, em português, deixa-se de captar essa sutileza, que está em consonância com a passagem como um todo: passado ("receberam"), presente ("estão firmes") e processo contínuo no presente com vistas a uma realidade futura ("estão sendo salvos").

Por esse motivo, os abismos linguísticos não são fáceis de transpor. Às vezes, faz-se necessário um estudo mais profundo de como se dão as relações entre os idiomas usados para escrever a Bíblia e a língua em que foi feita a tradução. Não precisamos nos tornar linguistas nem tradutores profissionais, mas devemos ter interesse em entender como cada palavra, expressão ou frase se encaixa no trecho em que está sendo usada.

5. ABISMO LITERÁRIO OU DA ESCRITURA

Esse abismo diz respeito à lógica usada para transmitir uma informação de uma pessoa a outra, ou de uma geração a outra. Nosso raciocínio também é diferente do raciocínio dos povos antigos, e isso causa impacto em nossa maneira de interpretar o texto bíblico.

Hoje, se formos escrever um livro, esgotamos uma ideia em um capítulo e partimos para a segunda ideia no capítulo seguinte, esgotando-a também. Seguimos um raciocínio linear e científico. Construímos o argumento do livro parte por parte, sem retornar ao assunto do capítulo anterior, até a grande conclusão, ao final. Esse é o jeito linear e organizacional dos tempos modernos. Mas nem sempre foi assim.

Na época bíblica, o pensamento não era linear, mas em espiral. O mesmo acontecimento era relatado várias vezes, expondo detalhes diferentes em cada situação. Além disso, não eram exposições científicas, como as nossas, mas poéticas. Por esse motivo, há muitos textos em que a estrutura da narrativa se assemelha à de um poema.

Um exemplo desse abismo é a leitura que teólogos alemães fizeram de alguns textos, entendendo que haviam sido escritos por diferentes autores. Como o material não seguia uma lógica linear, concluíram que uma parte fora feita por um autor, e o restante havia sido escrito por outras pessoas.

Não podemos transportar nosso modo de pensar para os textos da Antiguidade. Para entender o significado dos textos, temos de compreender como pensava o povo a quem o texto se dirigiu originariamente.

6. ABISMO ESPIRITUAL OU SOBRENATURAL

Somos diferentes dos autores bíblicos até mesmo na forma de vivenciar a espiritualidade. Quando lemos Gênesis, por exemplo, vemos

Deus se comunicando frequentemente com os seres humanos. Já no Novo Testamento, Deus não se comunica de forma direta com a mesma frequência. Ele se comunicou por meio de Jesus, que, no Pentecoste, passou o bastão para os discípulos e apóstolos que haviam caminhado com ele.

Assim, a espiritualidade, após a inauguração do evangelho e a formação da igreja primitiva, é diferente daquela expressa pelos patriarcas do Antigo Testamento. Precisamos compreender nossa espiritualidade para compreender a dos povos antigos.

COMO TRANSPOR OS ABISMOS

O primeiro passo é distinguir um abismo quando você estiver lendo, para, assim, não cair em uma interpretação equivocada. O segundo passo consiste em buscar recursos que ampliem seu conhecimento acerca dos seis aspectos do texto bíblico acima abordados: temporal, geográfico, cultural, linguístico, literário e espiritual. Você encontrará recursos em dicionários bíblicos e teológicos, comentários bíblicos, livros de estudo, manuais bíblicos e até mesmo em outras traduções da Bíblia.

AS TRÊS PERGUNTAS DO INTÉRPRETE BÍBLICO

Para ler textos escritos em tempos antigos e entendê-los nos dias de hoje, temos de nos debruçar sobre o texto e analisá-lo por meio de diferentes técnicas. O nome desse processo é *exegese*. É quando analisamos o que está contido no texto bíblico. Podemos definir *exegese* como "a extração da mensagem do texto conforme revelada em seu contexto" ou, de forma mais simples, "chegar o mais próximo possível da verdade". Esta é a tarefa do leitor da Bíblia: entender com clareza a intenção do autor e o que o destinatário da mensagem compreendeu.

Esse é o ponto crucial a ser observado sempre que lemos a Bíblia. Este é o grande resumo da função da interpretação: ouvir o que foi dito naquela época (exegese) e ouvir essa mesma palavra ou mensagem aqui e agora (hermenêutica). Essas tarefas devem nos acompanhar durante toda a nossa caminhada, para que, quando lermos a Bíblia, possamos compreender o que está escrito, traduzir para nossa realidade e aplicar de forma prática.

Para nos ajudar nessa tarefa de interpretação, devemos fazer três perguntas ao texto: de natureza histórica, de natureza literária e sobre o drama das Escrituras. Vejamos como fazer tais perguntas.

1. PERGUNTAS DE NATUREZA HISTÓRICA

O contexto histórico, que difere de livro para livro, deve ser analisado por diferentes aspectos, os quais podem abranger a época e a cultura do autor e de seus leitores, os fatores geográficos, topográficos e políticos relevantes à época, e a natureza do documento (livro, carta, oráculo profético etc.).

Sem dúvida, o contexto é mais importante em alguns textos do que em outros, mas não deixa de ter relevância na hora da interpretação. Por exemplo, não é fácil definir o contexto no qual o livro de Provérbios foi escrito, porém isso não é tão relevante em sua interpretação. No entanto, o contexto é peça fundamental para compreendermos algumas cartas do apóstolo Paulo.

Quando lemos, por exemplo, o Pentateuco (a Torá) e fazemos perguntas de natureza histórica, entendemos com maior clareza ideias como a do descanso (cf. Salmos 95:11; Hebreus 3:11). O povo hebreu passou séculos trabalhando de forma intensa, na condição de escravos, e posteriormente Moisés enfatiza a necessidade do descanso em seus textos. Compreendido isso, podemos aplicar com maior propriedade a ideia do descanso nos dias de hoje. Donald Guthrie sugere:

> Seria salutar para os cristãos considerarem seriamente o fracasso dos israelitas, que incorreram no desagrado de Deus, e temer que uma calamidade semelhante não sobrevenha aos membros da nova comunidade, o Israel espiritual. O escritor aceita sem questionar que nos é *deixada a promessa de entrar no descanso de Deus,* presu-

mivelmente porque sua doutrina de Deus é tal que não pode conceber que qualquer palavra dele possa falhar. Com isto em mente, um elemento de temor piedoso é de valor incalculável, porque aplica a nós a solene consequência de subestimar a provisão que Deus faz para seu povo.[18]

As perguntas de natureza histórica podem guiar-nos a uma resposta que buscamos atualmente.

2. PERGUNTAS DE NATUREZA LITERÁRIA

Em qualquer texto, as palavras só fazem sentido dentro de frases, e as frases só têm significado com relação às anteriores e às posteriores. Quem não entende o contexto literário geralmente acaba usando o texto como pretexto, como costumamos dizer. O contexto literário define todo o enredo do autor.

Por isso é importante ler o texto por completo. Não podemos ler apenas uma porção do que foi escrito. A maioria das distorções dos textos bíblicos tem origem nessa prática, principalmente depois que a Bíblia foi dividida em versículos (a primeira Bíblia dividida em capítulos e versículos foi publicada em 1555, uma edição da *Vulgata latina*). Sem dúvida, a divisão facilitou a localização dos textos, mas não pode ser a base para a leitura e, menos ainda, para a interpretação da Bíblia.

Por causa dessa divisão posterior em capítulos e versículos, o texto bíblico às vezes é interrompido, e o sentido do texto é desvirtuado. Por exemplo, em João 7:53 lemos: "E cada um foi para sua casa". A ideia parece concluída, mas o primeiro versículo do capítulo 8 diz: "Porém Jesus foi para o monte das Oliveiras". Como se pode ver, João 8:1 é a sequência natural de 7:53. Outro exemplo é Gênesis 1, que termina no versículo 31. Hoje, a maioria dos exegetas concorda que esse trecho se encerra na metade do versículo 4 do capítulo 2.

---

[18]Guthrie, *Hebreus: introdução e comentário* (São Paulo: Vida Nova, 1984), p. 104-5.

O leitor distraído interromperá a leitura no final do capítulo 1 e, assim, perderá de vista o pensamento completo do autor.

Quando o texto não é lido em sua totalidade, perdemos o link entre as diferentes partes e também o sentido de frases específicas. Em Lucas 18:18-27, Jesus tem um encontro com um homem importante que tem dúvidas a respeito de como herdar a vida eterna. Jesus diz que, além de seguir os mandamentos, o homem deve vender tudo o que tem e seguir Jesus. O homem, então, fica triste e vai embora, e Jesus comenta: "É mais fácil passar um camelo pelo fundo de uma agulha do que um rico entrar no Reino de Deus". Jesus usa um ditado popular para ilustrar sua mensagem, mas os próprios discípulos se desesperam com esse dito, pois chegam à conclusão de que é impossível entrar no reino de Deus. Jesus, então, afirma que o que é impossível para os homens é possível para Deus.

Se pararmos por aqui, ficaremos em dúvida quanto ao que Jesus quis dizer com esse ditado. Por outro lado, se seguirmos para o próximo capítulo, quando Jesus vai à casa de Zaqueu e atesta que ele, de fato, se havia convertido — porque, de maneira voluntária, propôs-se dar mais que o necessário aos pobres —, entenderemos com clareza todo o significado do encontro do homem rico com Jesus, narrado anteriormente.

3. PERGUNTAS SOBRE O DRAMA DAS ESCRITURAS

O "drama das Escrituras" é uma expressão cunhada pelos teólogos Michael Goheen e Craig Bartholomew, que detalha a ação de Deus na história como um grande "drama" teatral. Os autores explicam:

> O drama das Escrituras conta a história bíblica da redenção como uma narrativa unificada e coerente da obra contínua de Deus em seu reino. [...] É um drama unificado e que se desdobra de modo progressivo a respeito da ação de Deus na história para a salvação do mundo todo. A Bíblia não é uma mera junção aleatória de história, poesia, lições morais e teológicas, promessas confortantes,

princípios de orientação e ordens; em vez disso, ela é essencialmente coerente. Todas as partes da Bíblia — cada acontecimento, livro, personagem, ordem, profecia e poema — precisam ser compreendidas no contexto do enredo *único*.[19]

O drama das Escrituras se divide em seis atos: Criação, Queda, aliança com Israel, vinda de Jesus, missão da igreja e redenção da criação. Nossa pergunta, ao ler o texto, é em qual parte do drama o texto lido se encaixa. Assim como nas questões anteriores, o contexto do drama das Escrituras tem suas peculiaridades e influência na interpretação de um texto.

Se negligenciarmos esse aspecto, podemos incorrer no erro de criar pretextos para forçar a história a se encaixar naquilo que entendemos dela. Isso é comum, por exemplo, quando se lê o Apocalipse. Quando João fala de selos, trombetas e taças, o leitor — especialmente o que ignora o pensamento não linear dos antigos — tenderá a criar teorias de forma precipitada, misturando situações da missão da igreja com questões da futura redenção da criação. Isso gera todo tipo de equívoco na hora de "interpretar o tempo presente", como Jesus nos propõe fazer (cf. Lucas 12:56). Quando não separamos o que é histórico — como é o caso das sete igrejas da Ásia, por exemplo —, corremos o risco de encaixá-lo em um drama que não lhe corresponde, como o final dos tempos — o caso, por exemplo, da nova Jerusalém apresentada no Apocalipse, que, claramente, diz respeito ao tempo futuro.

Deste ponto em diante, até o fim do livro, pretendo apresentar estratégias que colaborem para uma leitura e uma interpretação mais conscientes e eficazes das Escrituras, fornecendo recursos voltados ao reconhecimento das dificuldades interpretativas.

---

[19]*O drama das Escrituras: encontrando o nosso lugar na história bíblica* (São Paulo: Vida Nova, 2017), p. 13-4, grifo no original.

AS ESFERAS DO AUTOR
CONTEXTO, CULTURA E IDIOMA

6

Os autores bíblicos escreveram sob influência do Espírito Santo, ao mesmo tempo que eram influenciados por sua época, cultura e visão de mundo. O leitor das Escrituras, então, tem de entender esse conjunto de circunstâncias em que o texto bíblico foi redigido — um conjunto que varia de autor para autor — para fazer uma interpretação correta da Palavra.

Neste capítulo, destaco as três maiores influências na escrita dos autores bíblicos: contexto, cultura e idioma.

DIAGRAMA 3

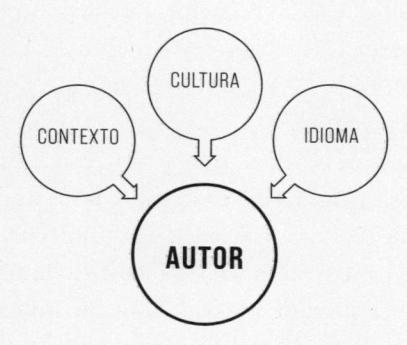

CONTEXTO

Contexto é a inter-relação de circunstâncias que acompanham um fato ou uma situação. Tudo o que vivenciamos e fazemos está inserido em um contexto. Da mesma forma, todos os autores da Bíblia escreveram cada um de seus livros, cartas e salmos em contextos específicos. A identificação desse contexto nos ajuda na correta interpretação do texto.

Vamos tomar como exemplo a história do profeta Jonas, apresentado como "filho de Amitai", que também profetizava (Jonas 1:1). O comportamento desse profeta tem suscitado questionamentos, mas basta uma análise do contexto para termos respostas a pelo menos alguns deles.

O profeta Jonas exerceu seu ministério em Israel, o Reino do Norte, de 800 a 750 a.C., durante o reinado de Jeroboão II (793-753 a.C.). Israel havia perdido parte de seu território para a Síria, cuja capital era Damasco. A Assíria atacara Damasco, e o rei Jeoás se aproveitou da situação para recuperar parte do território. Ele "conquistou de Ben-Hadade, filho de Hazael, as cidades que em combate Hazael havia tomado de seu pai, Jeoacaz. Três vezes Jeoás o venceu e, assim, reconquistou aquelas cidades israelitas" (2Reis 13:25). Jeroboão II prosseguiu com essa reconquista de território. "Foi ele que restabeleceu as fronteiras de Israel desde Lebo-Hamate até o mar da Arabá, conforme a palavra do SENHOR, Deus de Israel, *anunciada pelo seu servo Jonas, filho de Amitai*, profeta de Gate-Héfer" (2Reis 14:25). Ou seja, Jonas viu o cumprimento daquilo que havia profetizado!

A prosperidade de Israel, no entanto, não conduziu o povo à gratidão ou à adoração a Deus. Pelo contrário, o povo tornou-se orgulhoso, convencido de sua autossuficiência e espiritualmente acomodado. Eles se sentiam seguros em Samaria, capital do Reino do Norte (Amós 6:1). A Assíria não perturbava Israel nesse período, porém era vista como uma ameaça latente. E tinham razões para isso, tanto que no ano de 722 a.C. a Assíria conquistou Israel e levou o povo para o cativeiro.

Jonas viveu num tempo de grande orgulho nacional e embarcou na onda nacionalista. Como a maioria dos israelitas, ele sentia ódio dos povos vizinhos e apoiava as políticas expansionistas de um rei que desagradava a Deus. Desse modo, podemos entender a aversão de Jonas pelos assírios e sua relutância em atender ao chamado divino de pregar o arrependimento na cidade de Nínive, capital daquele império. Jonas conhecia a misericórdia de Deus; sabia que, se os assírios se arrependessem, Deus lhes perdoaria. Por que conceder tamanha graça ao inimigo? "Ele orou ao SENHOR: 'SENHOR, não foi isso que eu disse quando ainda estava em casa? Foi por isso que me apressei em fugir para Társis. Eu sabia que tu és Deus misericordioso e compassivo, muito paciente, cheio de amor e que prometes castigar mas depois te arrependes'" (Jonas 4:2).

Outro exemplo da relevância do contexto é a Carta aos Hebreus. Não sabemos ao certo quem a escreveu, mas é possível delimitar o tempo e a ocasião em que foi escrita. A carta é dirigida a judeus convertidos ao caminho de Jesus que estavam sendo perseguidos por causa dessa decisão. Não se sabe ao certo onde esses judeus viviam, mas, como o autor cita a versão grega da Bíblia hebraica, chamada *Septuaginta*, deduz-se que seus leitores eram judeus de fala grega.

O autor parece preocupado com a apostasia dos convertidos, que retornavam à Lei judaica. Quando se converteram ao cristianismo, a conexão que tinham com o Templo foi cortada; com isso, perderam também a proteção que a religião judaica desfrutava no Império Romano. Por causa da pressão que os leitores sofriam para retornar à antiga religião, o autor esclarece que o sistema do Templo e dos sacerdotes apontava para Jesus e que ele era o verdadeiro sacerdote. Se o leitor ignorar esse contexto, talvez seja difícil compreender qual o propósito do escritor de Hebreus quando repete diversos episódios do Antigo Testamento — e também por que o faz usando uma versão da Bíblia que parece não ser a que temos em mãos. Seu propósito "é expor a finalidade da salvação de Cristo e alertar contra o perigo de os crentes judeus voltarem aos tipos já cumpridos e ao superado ritualismo do judaísmo".[20]

---

[20]Merril Frederick Unger, *Manual bíblico Unger* (São Paulo: Vida Nova, 2011), p. 605.

CULTURA

Cultura pode ser definida como o conjunto de padrões de comportamento, crenças, conhecimentos, costumes e outros elementos que distinguem um grupo social. Também podemos dizer que a cultura é a maneira de um grupo reagir a determinados acontecimentos.

A cultura influencia o ser humano em sua maneira de falar, de se vestir e de proceder — e, naturalmente, de escrever. Os escritores Gabriel José García Márquez e Mia Couto, por exemplo, produzem livros que se aproximam muito em termos de gênero literário. Mas o fato de o primeiro ser colombiano, jornalista e ativista político, e o segundo, biólogo e natural de Moçambique, torna-se visível na obra deles. Conhecer as particularidades culturais de cada um ajuda os leitores a entender melhor sua produção literária.

Se é assim entre autores que fazem parte de um mesmo período histórico, imagine, então, como é importante termos informações da cultura dos autores bíblicos individuais, dos quais estamos separados por milênios.

Os próprios autores bíblicos estão separados entre si por milênios. Israel não era a mesma nação sob Davi que aquela sob o Império Romano na época de Jesus. Em geral, lemos Gênesis e Atos como se estivéssemos falando da mesma cultura, mas não é assim. Para uma compreensão mais profunda dos textos bíblicos, temos de compreender a cultura em que foram concebidos.

A passagem de Lucas 8:40-48 fala sobre Jesus ter sido tocado por alguém em meio a uma multidão que o seguia. Ele imediatamente interrompeu a caminhada e quis saber quem o havia tocado. Apresentou-se uma mulher que, havia anos, sofria de hemorragia. Se você conhece um pouco da cultura judaica ou se já leu o livro de Levítico, deve saber que existia uma série de normas para os sacerdotes e para o povo; uma delas dizia que ter contato com alguém que estivesse sangrando deixaria a pessoa impura, ou seja, inapta para participar dos ritos religiosos. Assim, quando a mulher revelou a Jesus que fora ela quem o tocara, ele poderia tê-la condenado pelo gesto que o tornaria impuro, mas não o fez. Em vez disso, curou-a. Intencionalmente, induziu a mulher a confessar a ousadia de tocá-lo para demonstrar que ele estava invertendo a lógica da Lei da antiga aliança, na qual o impuro contamina o puro. Agora Jesus, totalmente santo e puro, purifica o impuro ao ser tocado. Algo semelhante acontece logo depois, no mesmo contexto literário, quando Jesus toca uma criança morta: "Ele a tomou pela mão e disse: 'Menina, levante-se!'" (Lucas 8:54). Assim como o fluxo de sangue tornava impura a pessoa doente e quem a tocasse, o contato com um cadáver também deixaria a pessoa impura. Ao narrar os dois trechos, o evangelista Lucas está mostrando que Jesus era mais que o Deus da cura: era o Deus da graça e da vida.

IDIOMA

Podemos definir idioma como a língua própria de um povo. Falam-se hoje quase sete mil línguas e dialetos no mundo.

A Bíblia foi originariamente escrita em três idiomas: hebraico, aramaico (Antigo Testamento) e grego (Novo Testamento). O hebraico era falado em Canaã na época dos patriarcas. Ele faz parte da família das línguas semíticas, que inclui ramos como o árabe e o aramaico. "As línguas desse grupo eram faladas do mar Vermelho às montanhas a leste do vale do rio Eufrates, e da Armênia (Turquia), ao norte, à extremidade sul da península árabe".[21] A maior parte do Antigo Testamento foi escrita em hebraico.

A origem do aramaico é incerta, porém alguns estudiosos o associam à língua falada pelos amorreus (Gênesis 14:7). Apenas três porções do Antigo Testamento foram escritas em aramaico: Esdras 4:8—6:18, Daniel 2:4—7:28 e Jeremias 10:11. No Novo Testamento, algumas palavras de Jesus estão registradas em aramaico (Mateus 27:46; Marcos 5:41; 15:34). Há uma teoria segundo a qual o

[21]Larry Walker, "As línguas originais da Bíblia", in: Philip Wesley Comfort, *A origem da Bíblia* (Rio de Janeiro: CPAD, 1999), p. 294.

Evangelho de Mateus teria sido escrito em aramaico ou hebraico, porém é pouco provável.

O Novo Testamento foi escrito em grego, mais exatamente no grego *koiné*, ou "comum", porque se adaptou à cultura dos povos conquistados por Alexandre e, posteriormente, pelo Império Romano. O grego *koiné* se tornou o idioma comercial e diplomático da época, mais ou menos como o inglês nos dias de hoje.

Um desafio das traduções bíblicas, e também da interpretação, é entender o sentido de cada palavra em seu contexto. Um fenômeno comum a todos os idiomas é a *polissemia*, ou seja, a variedade de sentidos que uma única palavra ou locução tem. Por exemplo, quando ouvimos a palavra "cabo" em português, podemos pensar na parte pela qual seguramos uma panela, em uma graduação na hierarquia militar, em uma espécie de corda ou em uma porção do continente que avança mar adentro. "Cabo" significa tudo isso, e apenas o contexto vai definir qual é o sentido de "cabo" em uma frase. Como qualquer edição da Bíblia que não seja em grego ou hebraico se trata de uma tradução, é útil pesquisar o significado que as palavras tinham em seu idioma original, para fazer uma interpretação correta.

Um bom exemplo é a palavra grega *sarx*, que na maioria das traduções brasileiras está como "carne". Em Romanos 13:14, Paulo diz: "Revistam-se do Senhor Jesus Cristo, e não fiquem premeditando como satisfazer os desejos da *carne*". Para alguns, *carne* significava o corpo físico e, com base nisso, adotou-se a interpretação de que os desejos do corpo — comer, beber, ter relações sexuais — devem ser sacrificados. Durante anos, essa interpretação afetou diferentes igrejas e vertentes teológicas, justamente por não terem estudado a palavra em seu idioma original, pois o termo também pode ser traduzido por "sistema pecaminoso". A NVI, aliás, informa na nota de rodapé que essa é uma tradução alternativa para a palavra *carne*.

Paulo, nesse texto de Romanos, quer dizer que não podemos nos deixar levar pelo sistema pecaminoso, pelo sistema corrompido, por tudo aquilo que afeta nossa santidade. Quando adotamos a postura radical de não satisfazer a nenhuma vontade do corpo, estamos, na verdade, fazendo o que Paulo diz que não façamos. Mostraremos orgulho, alegando nossa capacidade de resistir a todas as tentações. E com certeza falharemos nisso. Trata-se de uma interpretação equivocada, que nos leva a pecar justamente naquilo que o autor condena.

Uma boa forma de observar a polissemia em uma tradução é ter o costume de ler mais de uma versão da Bíblia. Geralmente essas palavras são traduzidas de maneira diferente; quando isso acontecer, vale a pena se debruçar sobre o termo, com o fim de entender mais profundamente seus significados originais.

Ter consciência de que os textos bíblicos foram escritos em outra cosmovisão, distante de nós no tempo e no espaço, talvez seja o passo mais importante para a interpretação bíblica. Não podemos fazer uma correspondência direta entre o que está escrito e o que conhecemos de nosso dia a dia, negligenciando o contexto do autor, a cultura na qual estava inserido e o idioma empregado por ele. Desenvolver essa consciência é o primeiro passo para fugir de leituras equivocadas e procurar o caminho que nos conduz a uma interpretação verdadeira.

AS ESFERAS DO LEITOR
TEOLOGIA, CULTURA E CONTEXTO SOCIOECONÔMICO

7

A SSIM COMO O AUTOR BÍBLICO TEM SEU UNIVERSO, OS LEITORES também têm o seu. O leitor como intérprete tem uma teologia, uma cultura e uma formação preestabelecidas, e, quando se põe a interpretar a Palavra de Deus, traz consigo e para a leitura uma bagagem de conhecimentos e influências.

Por um bom tempo, acreditou-se na neutralidade da pesquisa e da leitura, ou seja, na possibilidade de escutar o que Deus falava e aplicar de forma pura e santa aquilo que foi transmitido. Hoje se sabe que é impossível não ler a Bíblia de forma enviesada, sem interferências. A interferência na leitura depende da caminhada do leitor, de sua igreja e de sua formação, entre outras coisas.

Como, então, atenuar essa interferência? O primeiro passo é descobrir quem somos, quais são nossas tradições e nossa bagagem. Quanto mais estivermos conscientes dessa base formativa, mais fácil será minimizar a influência de nossas tradições ao ler o texto bíblico.

DIAGRAMA 4

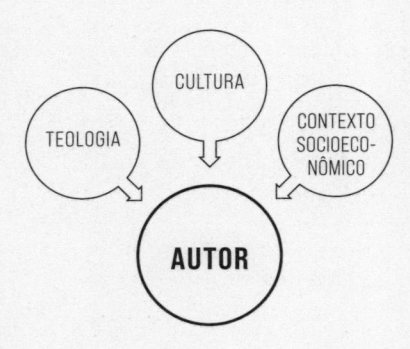

TEOLOGIA

Uma das maiores influências que temos na leitura e na interpretação da Bíblia é a teologia. Não importa se você é educado desde criança na doutrina de uma igreja específica ou se veio a conhecer o evangelho mais tarde, se fez um curso teológico ou não, você sempre está absorvendo teologia, e ela o influencia o tempo todo.

O professor de teologia Roger Olson defende a ideia de que cada cristão é um teólogo:

> Ninguém que reflita sobre as perguntas cruciais da vida escapa de fazer teologia. E qualquer um que reflita sobre as questões fundamentais da vida — incluindo perguntas sobre Deus e nossa relação com ele — é teólogo. [...] a teologia é inevitável ao cristão que pensa.[22]

Dependendo da teologia a que você foi exposto, seguirá áreas e interpretações específicas. Se foi exposto à teologia calvinista, ao ler Romanos talvez tenha a certeza de que foi predestinado para ser salvo. Mas, se você é do meio pentecostal, talvez esteja convicto de que a salvação vem pela fé e envolve a escolha humana. Assim, quando lemos a Bíblia, tentamos enxergar nela as coisas em que acreditamos.

Por esse motivo, na tarefa da interpretação bíblica, temos de nos esforçar para nos despir das tradições e tentar interpretar a Bíblia como ela é: dotada de autoridade. Muita gente teve sua visão das Escrituras remodelada após se desvincular de seus costumes e tradições. Quando entendemos o que levamos para o texto — ou seja, quando temos a percepção de que não somos neutros e de que temos ideias preconcebidas —, aos poucos deixamos de ler e analisar a Bíblia, e permitimos que ela nos leia e analise. É um ideal que nunca devemos desistir de alcançar.

---

[22]Stanley Grentz; Roger Olson, *Iniciação à teologia* (São Paulo: Vida, 2006), p. 8-9.

CULTURA

A cultura exerce forte impacto sobre o ser humano. Quando moramos em um lugar diferente daquele em que fomos criados, ou simplesmente o visitamos, em alguma medida sentimos um choque cultural. Seja entre as diferentes regiões do Brasil, país que tem dimensões continentais e abriga muitas culturas, seja no exterior, sentimo-nos deslocados e até mesmo rejeitados, pois somos vistos e vemos os outros como estranhos.

Esse estranhamento pode ocorrer pelos motivos mais simples. Por exemplo, os americanos acham estranho os brasileiros comerem *pizza* com garfo e faca, pois eles usam as mãos. Há também valores culturais mais complexos. Na cultura oriental, a honra é vista com maior profundidade e peso do que para alguns de nós, ocidentais, razão pela qual temos dificuldade para entendê-la. Lembro-me de ter lido a reportagem sobre um pai de família que foi demitido e não contou a ninguém. Ele continuou a sair todos os dias no mesmo horário, pois não queria assumir a "desonra" de não prover o sustento do lar. Por fim, acabou tirando a própria vida. Existem ainda costumes que são verdadeiros atos de crueldade. Por exemplo, algumas tribos do Brasil ainda cultivam o costume de enterrar vivas crianças recém-nascidas que tenham algum defeito físico.

Quem se propõe interpretar a Bíblia também deve estar preparado para um choque cultural. Ou para vários. Podemos citar aqui os costumes da era patriarcal, que, como o nome indica, era centrada na figura do patriarca, o qual exercia autoridade absoluta sobre os filhos. Henri Daniel-Rops informa que,

> em teoria, os filhos e filhas eram sua propriedade absoluta e ele [o pai] podia dispor deles como quisesse; se decidisse fazer isso, podia vendê-los como escravos. Se cometessem um crime grave, tinha o direito de condená-los à morte.[23]

---

[23]*A vida diária nos tempos de Jesus* (São Paulo: Vida Nova, 1986), p. 87.

As filhas eram tratadas como mercadoria, pois o casamento era negociado com o pretendente, que deveria oferecer um dote com o qual o pai concordasse. Com essa prática, as mulheres eram simplesmente vendidas ao futuro marido (veja o caso de Jacó, em Gênesis 29:18-30).

A própria teologia é influenciada pela cultura. Por exemplo, na cultura europeia do século passado, as pessoas estavam de bem com a vida. Os países estavam economicamente bem estruturados. Tinham o que comer e vestir. Por esse motivo, a discussão teológica se voltava muito mais para questões existencialistas do que de natureza pragmática, como, por exemplo, pensar no que comer ou em como se sustentar. Os americanos se preocupavam com a formação de novos ministérios e com a construção de templos atraentes para os não cristãos, uma vez que estavam vivendo uma crise religiosa e, consequentemente, uma evasão de seus templos. No Brasil, havia uma preocupação muito grande com a fome e a miséria, que grassavam em escala crescente. Cada cultura tem um olhar diferente para cada problema e acaba por aplicar o evangelho de acordo com o que é vivido e experienciado.

Imersos nas peculiaridades e nos problemas de nossa cultura, acabamos olhando mais para uma questão teológica, enquanto outra cultura priorizaria outra questão. É interessante pesquisar como diferentes culturas enxergam o evangelho, bem como estudar as diferenças culturais, para termos maior consciência de como nossos próprios costumes nos influenciam quando lemos a Bíblia.

CONTEXTO SOCIOECONÔMICO

Na Bíblia, temos o registro do contexto socioeconômico de alguns de seus autores. Moisés, como sabemos, "foi educado em toda a sabedoria dos egípcios e veio a ser poderoso em palavras e obras" (Atos 7:22). Davi era pastor de ovelhas (1Samuel 16:11). O profeta Amós era criador de ovelhas (Amós 1:1), enquanto o profeta Ezequiel era de família sacerdotal (Ezequiel 1:3). No Novo

Testamento, vemos que Paulo foi formado nos círculos mais estritos do farisaísmo (Atos 22:2), de modo que alguns percebem sua formação rabínica na argumentação das cartas que escreveu, como, por exemplo, em Romanos. O próprio Jesus, que viveu e cresceu em um ambiente rural, usava diversas imagens campestres em suas parábolas, como a do Semeador (Mateus 13:3-8), a do Grão de Mostarda (Marcos 4:30,31) e a da Vinha (Lucas 20:9-16). É claro que a palavra que cada uma dessas pessoas recebeu pelo Espírito Santo não era influenciada por seu contexto socioeconômico, embora as palavras e o estilo do autor, como já dito, fossem marcados por essa questão.

Hoje, dependendo do contexto socioeconômico, cada leitor das Escrituras atentará e interpretará determinadas passagens de modo peculiar. Textos como "Bem-aventurados vocês, os pobres, pois a vocês pertence o Reino de Deus" (Lucas 6:20) podem ser vistos de forma diferente por um historiador ou por um empresário. Enquanto um pode ler nisso uma predileção de Deus pelos que sofrem injustiça social, o outro pode sentir-se levado a fazer doações generosas a instituições que cuidam dos mais pobres.

Como ocorre nas outras esferas, o contexto social pode levar-nos a deturpar o sentido do texto bíblico para fazê-lo encaixar-se naquilo que defendemos ou vemos como "normal" em nossa vida. Quando alguém que nasceu "em berço de ouro" lê sobre Jesus afirmando que "é mais fácil passar um camelo pelo fundo de uma agulha do que um rico entrar no Reino de Deus" (Marcos 10:25), é natural que comece a racionalizar, sob a alegação de que a agulha não é realmente uma agulha, e sim uma pequena porta em uma muralha antiga, e camelo não é de fato o animal, e sim uma corda grossa.

Devemos nos lembrar que a intenção de Deus em sua Palavra está acima de nossas crenças teológicas, de nossas convicções sociais e de nossos costumes. Muitas vezes, o Espírito Santo usará as Escrituras para confrontar, e não para confirmar o que defendemos com convicção, "Pois a palavra de Deus é viva e eficaz, e mais afiada que qualquer espada de dois gumes; ela penetra até o ponto de dividir alma e espírito, juntas e medulas, e julga os pensamentos e intenções do coração" (Hebreus 4:12) Não devemos permitir que nossa bagagem interfira no real significado do texto.

O SURGIMENTO DA NECESSIDADE DE UMA HERMENÊUTICA

8

A NTES MESMO DA CHEGADA DE JESUS CRISTO, JÁ EXISTIAM dificuldades hermenêuticas na leitura e na interpretação do Antigo Testamento, que, na época, fora escrito havia muito tempo. Jesus dedicou algumas de suas palavras e censuras para corrigir as interpretações equivocadas que circulavam na época, em decorrência de uma má hermenêutica.

Podemos, com isso, dizer que Jesus prezava pela boa hermenêutica, que tem sido importante na leitura e na interpretação da Palavra desde os tempos bíblicos. Hoje em dia, apesar do vasto manancial de consulta e das pesquisas que temos a nosso dispor, as crises hermenêuticas estão longe de ser resolvidas. Podemos nos voltar a vários textos do Novo Testamento para analisar como diferentes pessoas lidaram com essa questão, e aplicar suas estratégias em nossos dias.

JESUS E OS LÍDERES RELIGIOSOS

Em um embate entre Jesus e os saduceus — uma vertente do judaísmo que não cria na ressurreição —, membros desse partido religioso perguntam quem será, na eternidade, o marido de uma mulher que teve sete maridos na terra. Jesus declara: "Vocês estão enganados porque não conhecem as Escrituras nem o poder de Deus!" (Mateus 22:29).

Como Jesus pôde dizer aos mestres judeus, que haviam estudado em profundidade o Pentateuco, que eles não conheciam as Escrituras, que provavelmente sabiam de cor? Jesus, na verdade, estava falando do ponto de vista hermenêutico: não adianta conhecer as Escrituras de cor e não conseguir interpretá-las.

Os saduceus consideravam o Pentateuco a parte mais importante da Escritura, e citaram a Lei mosaica sobre o casamento segundo o levirato, contida em Deuteronômio 25:5. Daí inferirem que Moisés não podia ter crido numa vida futura, pois, em sua suposição de que a vida vindoura só poderia ser uma continuação da vida atual, resultados absurdos poderiam seguir-se à observância da lei, como, por exemplo, o caso de uma mulher que eles conheciam e para a qual chamam a atenção. Em réplica, Jesus mostra que o casamento e um de seus objetivos, a propagação da raça, são sumamente necessários num mundo em que a morte é fator permanente; mas são completamente desnecessários numa existência cuja principal característica é a ausência da morte. Ele também lhes chama a atenção para outra passagem do Pentateuco, a declaração divina em Êxodo 3:6, em que Deus fala de si mesmo como tendo relação permanente com os patriarcas de Israel, que, muito tempo atrás, haviam morrido. Os saduceus apelavam para a lógica; Jesus faz o mesmo. "Deus é somente Deus de vivos", argumenta ele, "mas se descreve como o Deus de Abraão; portanto, Abraão está vivo".[24]

Jesus estava dizendo aos mestres judeus que eles precisavam de uma boa hermenêutica, aliada ao Espírito Santo (o "poder de Deus"), e não apenas de conhecimento teológico e escriturístico, para entender as realidades espirituais.

FILIPE E O EUNUCO ETÍOPE

Lucas relata diversas vezes o Espírito Santo conduzindo Filipe a lugares nos quais ele explica o evangelho de maneira assertiva. O encontro com o eunuco foi um desses casos. Filipe, depois de haver realizado um trabalho evangelístico em Samaria, encontrou na estrada um alto oficial da corte etíope.

---

[24]R. V. G. Tasker, *Mateus: introdução e comentário* (São Paulo: Vida Nova, 2006), p. 167-8.

> Então Filipe correu para a carruagem, ouviu o homem lendo o profeta Isaías e lhe perguntou: "O senhor entende o que está lendo?" Ele respondeu: "Como posso entender se alguém não me explicar?" Assim, convidou Filipe para subir e sentar-se ao seu lado. O eunuco estava lendo esta passagem da Escritura: "Ele foi levado como ovelha para o matadouro, e, como cordeiro mudo diante do tosquiador, ele não abriu a sua boca (Atos 8:30-32).

A pergunta do evangelista ao etíope é uma das mais emblemáticas da hermenêutica: "O senhor entende o que está lendo?". Essa frase foi a base de um dos melhores livros de introdução à hermenêutica que conheço, *Entendes o que lês?*, de Gordon D. Fee e Douglas Stuart. Muito do que aprendi sobre hermenêutica vem desse livro. O eunuco responde a Filipe com outra pergunta: "Como posso entender se alguém não me explicar?". Por desconhecer a cultura judaica, ele não tinha condições de entender o texto de Isaías. A explicação de Filipe foi tão clara e objetiva que o etíope pediu para ser batizado.

Assim como o eunuco, nós também não fomos criados na cultura judaica. Para fazer uma boa hermenêutica, temos de compreender os antecedentes históricos a partir dos quais os autores bíblicos, judeus em sua maioria, registraram a Palavra revelada.

PAULO E OS BEREIANOS

Mais adiante em Atos, Lucas mostra que o apóstolo Paulo, ao pregar o evangelho e expor o Antigo Testamento, explicava a Palavra de Deus de forma que as pessoas entendessem sua mensagem. A hermenêutica de Paulo, oriunda do Espírito Santo, era tão nova e ousada que alguns crentes foram conferir na Bíblia hebraica se as interpretações do apóstolo e suas conexões com as Escrituras estavam corretas.

Isso aconteceu na Macedônia, na pequena cidade de Bereia: "Os bereianos eram mais nobres do que os tessalonicenses, pois receberam a mensagem com grande interesse, *examinando todos os dias as Escrituras, para ver se tudo era assim mesmo*" (Atos 17:11). Lucas mostra que, na expansão da igreja após o Pentecoste, havia pelo menos um grupo mais zeloso e interessado em hermenêutica, procurando ver se o que era dito a respeito de Jesus condizia com a figura messiânica do Antigo Testamento.

Nós também temos de ser cuidadosos diante de qualquer novo ensinamento e, à semelhança dos bereianos, confrontar tudo com a Palavra de Deus. A propósito, devemos ter essa atitude em qualquer assunto relacionado à Palavra de Deus, ainda que venha da boca de uma autoridade no assunto.

PEDRO E OS ESCRITOS DE PAULO

Outro caso de preocupação com a hermenêutica está registrado na Segunda Carta de Pedro. Nesse contexto, Pedro está se referindo ao apóstolo Paulo e à sua linguagem mais sofisticada.

> Tenham em mente que a paciência de nosso Senhor significa salvação, como também o nosso amado irmão Paulo escreveu a vocês, com a sabedoria que Deus lhe deu. Ele escreve da mesma forma em todas as suas cartas, falando nelas destes assuntos. Suas cartas contêm algumas coisas difíceis de entender, as quais os ignorantes e instáveis torcem, como também o fazem com as demais Escrituras, para a própria destruição deles (2Pedro 3:15,16).

No texto citado, Pedro se dirige a crentes perseguidos que se questionavam: "Se Jesus sofreu por nós, por que estamos nesta situação?". O apóstolo explica que, se eles tiverem paciência, a salvação que havia começado se completaria no dia final, como também Paulo afirma em suas cartas. Pedro comenta que os apóstolos escrevem sobre o Antigo Testamento e a vitória de Jesus na cruz em estilos diferentes, porém de forma unificada. A mensagem de Paulo, porém, composta por palavras mais rebuscadas, poderia levar os leitores mal-intencionados a deturpar o que estava escrito. Pedro abomina a péssima hermenêutica e a ideia de que é possível interpretar as Sagradas Escrituras de qualquer maneira. O apóstolo classifica como ignorantes e instáveis aqueles que leem as Escrituras para comprovar teologias particulares, tradições ou até mesmo alguma ideia nova. Não é dessa forma que devemos ler a Palavra de Deus, adverte Pedro.

O DESENVOLVIMENTO DA HERMENÊUTICA

Rigorosamente falando, a hermenêutica teve início bem antes dos dias de Jesus, logo após o Exílio do povo de Deus na Babilônia, quando pequenos grupos de judeus foram autorizados a voltar para a Terra Santa e a reconstruir sua identidade como povo de YAHWEH. Nesse momento, começaram a surgir os rabinos, como figuras de autoridade entre o povo. Esse surgimento se deu por um vácuo dos símbolos de autoridade com os quais o povo escolhido por Deus já estava acostumado. Destaco quatro deles: 1) o Templo de Salomão, que tinha sido destruído; 2) o que resultou dessa destruição, pois os sacerdotes não tinham mais onde exercer seus sacrifícios; 3) a liderança figurada em um rei, pois a linhagem real fora levada ao Exílio e assimilada em grande parte na Babilônia; 4) a língua hebraica, que já tinha sido substituída pelo aramaico no Exílio. Por tais motivos, vemos no período intertestamentário[25] o surgimento de rabinos: homens comuns, com profissões comuns, que tinham autoridade entre o povo por seguirem uma linha clara de hermenêutica. Tinham também discípulos e ensinavam todos a interpretar e a pôr em prática a Bíblia hebraica.

---

[25]Considerado por muitos o período do "silêncio profético", trata-se do tempo entre o encerramento da escrita do Antigo Testamento e o início da composição do Novo. Considera-se tradicionalmente que tenha durado perto de quatrocentos anos, do profeta Malaquias (c. 420 a.C.) ao profeta João Batista, que, no começo do primeiro século d.C., retoma a sucessão profética. O hiato é parcialmente simultâneo ao período do Segundo Templo (516 a.C.-70 d.C.), além de compreender a era do judaísmo helenístico.

No primeiro século da era cristã, os rabinos e outros mestres judaicos ganharam bastante notoriedade. Depois, após a revelação do Novo Testamento, vieram os debates entre os pais da igreja, que tentavam encontrar a melhor interpretação para diversos textos bíblicos. A hermenêutica foi construída durante toda a história da igreja, e sempre houve muito debate em torno dessa disciplina.

Ainda no primeiro século, existiam duas escolas de interpretação: a de Alexandria, no norte da África, com uma interpretação mais alegórica; e a de Antioquia, na Síria, propensa a uma interpretação mais literal.

Ler a Bíblia alegoricamente foi uma experiência libertadora tanto para judeus quanto para cristãos que desejavam recomendar as Escrituras aos sofisticados intelectuais gregos na antiga Alexandria. Com relação aos nomes bíblicos, por exemplo, os alegoristas alexandrinos trabalhavam com equivalências do tipo Adão = Razão Natural, Eva = os Sentidos, Egito = o Corpo, Israel = a Alma, e assim por diante. [...] [A interpretação alegórica] representava uma estratégia interpretativa para declarar que "isso significa aquilo". Como tal, era um meio fundamental de conseguir o conhecimento do significado oculto do texto pelo motivo manifesto de tornar o texto relevante.

[...]

A "escola de Antioquia" floresceu na Síria no final do século IV e começo do século V. Segundo seu maior expoente, Teodoro de Mopsuéstia, a tarefa do comentarista bíblico é apresentar explicações das palavras e passagens difíceis com relação a sua situação histórica original. Os antioquenos afirmavam que nenhum texto significa "outra coisa" além daquilo que ele claramente diz. E insistiam em que a revelação de Deus estava na história e que essa história era o referente do texto bíblico quando interpretado literalmente. O significado literal — a letra — direciona a atenção do leitor para a ação de Deus no mundo real das verdades históricas, não para um mundo ideal de verdades simbólicas. A unidade da Bíblia consistia no fato de ela ser uma história de salvação, não um sistema de verdades intelectuais. A interpretação antioquena estava, cada vez mais, firmemente arraigada na história, e não na filosofia.[26]

Houve intenso debate na época sobre esses dois modelos, e as duas escolas cometeram exageros, desrespeitando o que o autor bíblico queria dizer. A escola de Alexandria, por exemplo, no afã de tentar encontrar Jesus no Antigo Testamento, forçava alegoricamente alguns textos históricos para configurá-los como profecias messiânicas. Já os discípulos da escola de Antioquia, principalmente os que vieram depois do Iluminismo, forçavam os textos poéticos ou metafóricos para torná-los meramente históricos, de modo que se perdia a dimensão espiritual e profética que o autor desejava transmitir à expectativa messiânica.

A interpretação alegórica prevaleceu nos primeiros 1.500 anos da história da igreja, mas, a partir da Reforma, no século 16, a hermenêutica começou a se consolidar na direção de uma interpretação literal, usando-a como ponto de partida, sem descartar, contudo, elementos alegóricos e tipológicos. Esse é o modelo que mais se utiliza atualmente.

DIAGRAMA 5

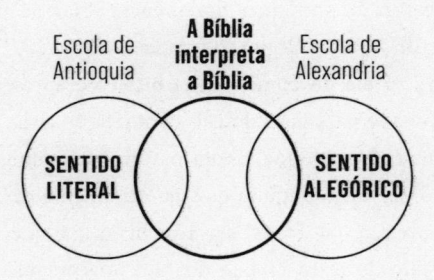

---

[26]Kevin J. Vanhoozer, *Há um significado nesse texto?* (São Paulo: Vida, 2006), p. 136-8.

Embora eu esteja mais inclinado para a escola de Antioquia, este livro parte do princípio de que a Bíblia interpreta a Bíblia. É o texto que determina como vou interpretar. São os autores bíblicos que regem se determinado texto, além de literal, é também simbólico. Pois, como dissemos, as duas escolas cometeram exageros. Os discípulos da escola de Antioquia forçaram muitos textos para ser somente literais e perderam as analogias messiânicas que os próprios autores bíblicos fizeram posteriormente. Já os discípulos da escola de Alexandria começaram a interpretar os textos, especialmente do Antigo Testamento, para inserir Jesus em toda parte, cometendo anacronismos, sem nenhum critério e sem os autores bíblicos posteriores fazerem nenhuma referência a essa interpretação. Não é uma batalha entre interpretação literal e interpretação simbólica, pois uma coisa não exclui a outra. O que vai determinar a forma de interpretarmos é o próprio texto e de que maneira o restante das Escrituras se referiu a ele.

O SIGNIFICADO DE HERMENÊUTICA

A palavra *hermenêutica* deriva do nome do deus grego Hermes (chamado Mercúrio pelos romanos), mitologicamente tido como o responsável por interpretar e transmitir a mensagem dos deuses para os humanos e, em seguida, levar a resposta de volta ao Olimpo. O trabalho de Hermes representa exatamente a interpretação bíblica: não basta entender o texto; é preciso extrair dele o que Deus quer nos comunicar. Dessa forma, acabamos nos tornando também "mensageiros" da Palavra de Deus.

A hermenêutica não diz respeito somente à interpretação bíblica. Em sua definição mais clássica, refere-se aos princípios, métodos e regras de interpretação na ciência e nas artes. Em relação à ciência, a hermenêutica se vale de regras para decodificar um texto e descobrir a intenção do autor, evitando ruídos e equívocos entre o comunicador e o receptor. Se o autor escreve "um", não se deve interpretar isso como "dois" ou "três". Por isso, a hermenêutica também envolve o uso de regras gramaticais para decodificar a mensagem do autor.

Nas artes, a hermenêutica está mais ligada à intuição do observador. Quando olhamos uma pintura, por exemplo, podemos e devemos nos questionar o que o autor quis transmitir com aquilo. Diferentemente de um texto, não há como aplicar regras gramaticais, nem checar um dicionário. A interpretação depende da leitura de quem a contempla.

Esses dois aspectos da hermenêutica se complementam. Não basta orientar-se apenas pela regra; chegará o momento em que a intuição se fará necessária para saber se estamos lidando com algo figurado ou literal. Por exemplo, quando Jesus declara "Eu sou a porta", nossa intuição nos diz que não devemos tomar essa declaração em sentido literal. Algumas pessoas conseguem interpretar a Palavra de Deus de forma saudável justamente por terem nascido com pendor para a intuição. Contudo, é preciso haver equilíbrio entre um aspecto e outro. Tanto a intuição como o estudo são necessários. Se seguirmos as etapas corretas da interpretação, teremos mais clareza durante o processo hermenêutico.

Gosto de partir do princípio de que a Bíblia foi inspirada e é a Palavra de Deus, e nisso se baseia o processo da interpretação bíblica. Se Deus está por trás do texto, jamais fracassará em transformar nossa vida e revelar Jesus em sua plenitude. Partindo desse princípio, teremos uma postura com respeito à interpretação da Bíblia que difere das pessoas que usam uma hermenêutica baseada apenas no meio acadêmico secular. Assim, já tenho em mente que os princípios adotados para dialogar comigo serão diferentes daqueles que defendo.

OS MÉTODOS DA HERMENÊUTICA

Existem dois métodos hermenêuticos basilares, os quais, por sua vez, levam a caminhos diferentes. O primeiro método é o histórico-crítico, de acordo com o qual a crítica do texto é elaborada a partir da história, descartando tudo o que não fizer parte da ciência moderna, da arqueologia ou daquilo que a ciência não consiga comprovar de forma empírica. Esse foi o método empregado no último século para encontrar um Jesus "histórico", supondo que o Jesus apresentado na Bíblia era criação dos Evangelistas e da igreja primitiva.

O segundo método, utilizado neste livro, é o histórico-gramatical. Partindo-se do texto, e com o apoio da história, busca-se chegar à intenção do autor.

OS DESAFIOS DA HERMENÊUTICA NOS DIAS DE HOJE

Muitos alegam que não precisam interpretar: basta orar, abrir a Bíblia, ler e aplicar o texto. Essa, contudo, é uma postura perigosa. De fato, para entender o evangelho de forma simples e pura, não é necessário fazer um curso de hermenêutica. Não é preciso nem mesmo ler a Bíblia, se houver alguém que nos anuncie a Palavra (cf. Romanos 10:14,15). Contudo, a Palavra nos exorta a crescer "na graça e no conhecimento de nosso Senhor e Salvador Jesus Cristo" (2Pedro 3:18). Para isso, o estudo das Escrituras é imprescindível.

Contentar-se com a mera leitura da Palavra, sem atentar para os pormenores que levantamos aqui, leva o leitor a cair em um, ou mais, destes três erros: leitura simplista, leitura original e leitura profunda.

LEITURA SIMPLISTA

Trata-se de um perigo real. Marcos 16:17,18 anuncia uma lista de sinais que acompanhariam os que cressem em Jesus: "expulsarão demônios; falarão novas línguas; pegarão em serpentes; e, se beberem algum veneno mortal, não lhes fará mal nenhum". Se absorvermos essas afirmações sem nenhum critério, poderemos pensar que, agora que somos convertidos, podemos ingerir veneno e sobreviver em nome de Jesus.

Se não entendermos o contexto em que uma passagem da Bíblia foi escrita, podemos sofrer graves consequências ao nos enganar, pensando que a revelação de Deus é literal.

LEITURA ORIGINAL

Esse é um dos principais erros cometidos pelas seitas e por muitas igrejas evangélicas que têm surgido nos últimos anos. Pessoas com as mais diferentes intenções acreditam haver recebido uma nova revelação divina em sua leitura, algo que não foi revelado por Deus ao longo de dois mil anos. Além de ser uma atitude pretensiosa e arrogante, é um erro achar que só você entendeu a Palavra de Deus e que os outros irmãos não foram iluminados.

As plataformas digitais tornaram-se um ambiente propício a pessoas que alegam ter revelações cujo conteúdo chega às raias do absurdo. As teorias mais insanas são lançadas aos seguidores como verdades incontestáveis, apoiadas em versículos isolados e descontextualizados. Devemos suspeitar de qualquer um que se apresente com uma interpretação muito "original" das Escrituras, sem fazer referências consistentes ou sem base sólida no texto sagrado.

LEITURA PROFUNDA

A leitura profunda como equívoco trata-se de uma leitura ocultista e codificada, que visa a enxergar no fundo do texto algo que nenhum leitor foi capaz de perceber. Esse foi o equívoco da escola de Alexandria, que sugeria uma interpretação alegórica da Bíblia. O resultado foi a criação de códigos e ligações entre símbolos que não se encaixavam na revelação bíblica. Isso também aconteceu na história da igreja, como vemos retratado em especulações como a do filme *O código Da Vinci*, que acrescenta à Escritura elementos, alusões e símbolos que não fazem parte do texto original.

Portanto, é fato que não conseguimos interpretar a Palavra de Deus de forma espontânea, usando apenas o bom senso e a intuição, porque a interpretação das Escrituras não prescinde de três aspectos fundamentais: educação formal, exposição à Bíblia e hermenêutica sagrada.

EDUCAÇÃO FORMAL

A educação formal é a que recebemos na escola quando aprendemos gramática e literatura. Infelizmente, um terço dos brasileiros são analfabetos funcionais. Eles sabem o que palavras e letras isoladas significam, mas não conseguem interpretar um texto ou encarar uma leitura mais longa. Uma educação precária dificulta até mesmo a leitura da Bíblia, quanto mais sua interpretação!

Há pessoas que se confundem até mesmo nas leituras mais superficiais. Um caso clássico é Habacuque 1:5, em que lemos: "Vede entre as nações, e olhai, e *maravilhai-vos*, e admirai-vos; porque realizo em vossos dias *uma obra*, que vós não crereis, quando for contada" (ARC). Muitos pregadores utilizam esse versículo para "profetizar" obras maravilhosas na vida dos ouvintes. Ignoram o fato de que, aqui, o profeta está anunciando um castigo divino que viria sobre Judá por se haver afastado de Deus. "Maravilhar-se", nesse contexto, significa ficar espantado diante de um acontecimento trágico (a "obra" que Deus prometeu realizar).

EXPOSIÇÃO À BÍBLIA

Nessa esfera, incluem-se a tradição eclesiástica, o tempo de igreja, os sermões e a participação em ambientes de estudos bíblicos. Talvez você tenha tido uma boa educação formal, mas não esteja familiarizado com as Escrituras — os personagens, os termos, as histórias — por falta de exposição à Palavra. Assim, se tentar interpretar a Bíblia, não conseguirá entender sua linguagem.

Boa parte de nossa interpretação provém do que já escutamos e aprendemos na igreja. Por esse motivo, é importante a caminhada com os irmãos. Chamamos a isso "hermenêutica comunitária": uma interpretação conjunta com aqueles que fazem parte da igreja local. Nesse ambiente, são compartilhados novos conceitos e verdades bíblicas que ajudarão na hora de interpretar as Escrituras.

HERMENÊUTICA SAGRADA

É com a hermenêutica sagrada que aprendemos os diferentes contextos dos autores bíblicos, os idiomas originais, bem como a cosmovisão e a teologia bíblicas. É saber como os autores bíblicos pensavam e comunicavam sua mensagem, transmitida de geração em geração. São livros assim que oferecem uma boa base para interpretar as Escrituras com clareza.

As três esferas são igualmente necessárias. Desse modo, teremos à disposição todas as ferramentas necessárias para interpretar bem a Palavra de Deus. Assim, se nos perguntarem se a hermenêutica é necessária, sabemos que a resposta é sim. Deus nos possibilitou esse conhecimento para entendermos cada vez mais, e melhor, sua revelação.

SEGUNDA PARTE

A MENTE DOS AUTORES BÍBLICOS

A BIBLIOTECA NA MENTE DOS AUTORES

9

HÁ UM PROVÉRBIO VERDADEIRO, EMBORA DE ORIGEM INCERTA, que diz: "Quando morre um idoso, perde-se uma biblioteca". A mente humana é mesmo como uma grande biblioteca, acumulando "volumes" desde a infância, volumes escritos nas páginas da vida e no espírito da época e da cultura de cada um. Os autores bíblicos não fogem à regra: seus escritos provêm da biblioteca da mente de cada um, e seu conteúdo deve ser levado em conta quando nos propomos interpretar as Escrituras, considerando-se principalmente o fato de a Bíblia não ter sido escrita em português, mas traduzida para essa língua.

A FORMAÇÃO DA BIBLIOTECA DA MENTE

A biblioteca é construída desde a infância e vive em constante ampliação. Tudo o que aprendemos, vivenciamos, sentimos e lembramos está armazenado nela. Dentro dessa grande biblioteca, cada palavra que aprendemos é um novo livro sendo escrito.

Vamos supor que você fosse visitar uma tribo isolada da civilização há anos e quisesse explicar ou descrever um celular aos seus habitantes. A tribo nunca viu nada igual, nem tem energia. Ainda que você descreva a imagem e as funções do aparelho, na biblioteca da mente deles a palavra "celular" será um "livro" muito diferente do "livro" que está em sua mente, pois você tem muito mais informações a respeito, além de ter passado toda uma vida usando celular.

Vários fatores interferem na formação de cada biblioteca: língua, época, cultura, visão de mundo, educação, experiências e interesses individuais. Não existem duas bibliotecas iguais. Irmãos gêmeos, por exemplo, que cresceram nas mesmas condições familiares, por mais que sejam similares em alguns aspectos, jamais serão iguais em suas experiências, em sua forma de enxergar o mundo. Cada um construiu sua biblioteca personalizada e única.

Imaginemos agora a biblioteca de um autor bíblico que viveu milênios antes de nós. Ela foi moldada por uma língua que não existe mais, por uma cosmovisão que também desapareceu e em um lugar no qual a cultura era bem diferente da nossa.

Na tarefa de interpretar a Bíblia, uma vez que lidamos com traduções, temos de levar em conta a biblioteca da mente de cada autor bíblico e de seu primeiro público.

A BIBLIOTECA DA MENTE E AS TRADUÇÕES DA BÍBLIA

Em geral, há duas formas de traduzir literatura: a "domesticação" do texto original, que é menos literal e traz o texto para o contexto do leitor; e a "estrangeirização", que é mais literal e valoriza os aspectos do texto original. Escolher quando domesticar e quando estrangeirizar é o dilema enfrentado por aqueles que se dedicam a verter o texto original da Bíblia para outros idiomas.

As traduções mais literais podem gerar dúvidas de interpretação nos leitores modernos, por haver muitas diferenças na linguagem. Já as traduções contextualizadas podem, às vezes, não ser fiéis ao texto original. Apenas em termos de comparação, reproduzo a seguir o texto de João 17:13 em quatro versões:

Agora vou para ti, mas digo estas coisas enquanto ainda estou no mundo, para que eles tenham a plenitude da minha alegria (ARC).

Agora vou para ti, e digo isto no mundo, para que tenham a minha alegria completa em si mesmos (ACF).

Agora vou para ti, mas digo estas coisas enquanto ainda estou no mundo, para que eles tenham a plenitude da minha alegria (NVI).

Agora estou indo para perto de ti. Mas digo isso enquanto estou no mundo, para que o coração deles fique cheio da minha alegria (NTLH).

Você deve ter notado que as duas primeiras versões apresentam uma linguagem mais literal, enquanto as duas últimas têm uma linguagem mais contemporânea. As duas primeiras lhe pareceram estranhas de alguma forma? E as duas últimas lhe transmitiram melhor o sentido do texto?

A dificuldade de tradução diante das incontáveis bibliotecas que temos em cada cultura e em cada época jamais será resolvida em uma única tradução. Assim, recomendo que todo estudante sério da Bíblia compare traduções e se beneficie dos múltiplos olhares lançados ao texto bíblico.

De forma geral, as versões da Bíblia se dividem em três estilos:

Equivalência formal: traduz o texto palavra por palavra, mesmo que certas frases não façam muito sentido para os leitores atuais.

Paráfrase: traduz o sentido do texto, mudando as palavras e expressões, a fim de que façam sentido para o leitor moderno. Nessa tradução, o trabalho hermenêutico que deveria ser realizado pelo leitor vem pronto, de acordo com a interpretação do tradutor.

Equivalência dinâmica: um meio-termo entre as duas anteriores, esforçando-se para traduzir o texto literalmente, mas optando por expressões que façam sentido para o leitor atual.

DIAGRAMA 6

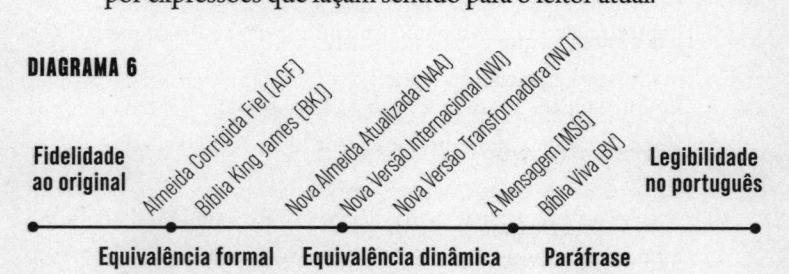

Para entender melhor a biblioteca dos autores bíblicos, sugiro adquirir uma tradução dinâmica, que você levará para a igreja e com a qual fará suas leituras regulares, mas tenha pelo menos uma tradução formal e uma parafraseada, a fim de para compará-las nos estudos mais profundos.

ADAPTAÇÕES NO TEXTO BÍBLICO

Com o passar do tempo, algumas palavras e expressões muito comuns podem tornar-se estranhas pelo fato de os novos falantes da língua perderem de vista a referência que lhes deu origem. Pense, por exemplo, na expressão "disque já". Leitores que nasceram após a década de 1990 provavelmente vão achar essa expressão estranha; alguns talvez entendam que diz respeito a "telefonar", mas é possível que não entendam a relação. *Discar* se relaciona com o disco que ficava na parte superior dos aparelhos telefônicos, que precisava ser girado (discado) para se fazer uma chamada. Isso está distante de nós apenas algumas décadas, mas parece tão estranho quanto falar de um carro puxado por bois ou de um relógio solar.

As palavras evoluem, acompanhando a tecnologia e os costumes de cada sociedade. Talvez alguns termos que uso hoje neste livro pareçam enigmáticos para os leitores daqui a vinte anos.

Do mesmo modo, os autores bíblicos estavam preocupados em se comunicar bem com sua geração, com o primeiro público que receberia essa mensagem. Mas até mesmo eles tiveram de adaptar o texto e as leis para uma nova realidade, para uma nova biblioteca. No livro de Deuteronômio, por exemplo, vemos Moisés recontando e aplicando toda a história que ele e os hebreus viveram no Sinai até aquele dia para a nova geração que entraria na Terra Prometida. Nessa passagem, quando olhamos e comparamos as leis que estão escritas nos primeiros livros, vemos que Moisés, depois de quarenta anos, já se dera conta da necessidade de contextualizar o texto revelado.

Deuteronômio é o nome grego dado ao livro muitas gerações após ele ter sido escrito, e significa "segunda lei". Quando estudamos o livro com cuidado, percebemos que se trata de uma contextualização das leis registradas nos livros anteriores. Algumas são repetidas com pequenas adaptações, ao passo que outras são novas, com vistas a situações e contextos diferentes. Essas adaptações foram introduzidas por inspiração do Espírito ao autor do livro, mas também resultam de uma reflexão hermenêutica e de uma tradução que tinham de ser feitas para um novo momento, para uma nova realidade.

Vejamos mais dois exemplos na Bíblia em que há a necessidade de contextualização para o leitor moderno. O primeiro é 1Samuel 17:26: "Quem é esse filisteu incircunciso para desafiar os exércitos do Deus vivo?". Trazendo para a interpretação nos dias atuais, no confronto do jovem Davi com Golias, em que todos os dias o gigante gritava blasfêmias para o povo de Deus, que se escondia nas montanhas, o natural de nossa biblioteca mental moderna seria preferir a interpretação literal da pergunta de Davi, segundo a qual ele estaria apenas se referindo a alguém não circuncidado. E isso está certo. Mas, na cabeça do autor, o significado de incircunciso vai muito além. Essa palavra está carregada de desprezo e tem em mente alguém que está condenado à morte, alguém desprovido da sabedoria do alto. É uma espécie de xingamento. Davi está trazendo à luz quão absurdo é o povo de Deus deixar alguém sem a marca do Deus verdadeiro falar e amedrontá-lo daquele jeito. Por isso, se ficarmos na literalidade, não captaremos a mensagem que o autor queria passar e que o primeiro público entendeu perfeitamente.

Um segundo exemplo é quando lemos nos Evangelhos a expressão "Jesus da Galileia" (Mateus 3:13; Marcos 1:9) ou simplesmente "o Galileu" (Mateus 26:69; Lucas 23:6) e pensamos que é apenas uma referência geográfica. Mas, se ficarmos só nessa dimensão do significado, perderemos o que o autor estava comunicando. A região norte, onde ficava a Galileia, é da tribo de Naftali, e, segundo os rabinos da época de Jesus, não havia nenhuma profecia indicando que dali viria alguém importante para o esperado reino de Deus. Além disso, é uma região que foi devastada no Exílio do Reino do

Norte, com muitos se misturando em casamento com os povos pagãos. Consequentemente, quando os religiosos ou soldados romanos dizem que Jesus veio da Galileia, essa é uma maneira de tirar todo o crédito de seu ministério, de negar a messianidade de Jesus. E, se ficarmos apenas na dimensão geográfica da palavra, perderemos a mensagem completa do autor.

Desse modo, estes são os exercícios que devemos nos propor na tarefa de interpretação bíblica: deixar de lado nossa biblioteca e mergulhar na biblioteca do autor e do público para o qual o texto foi originalmente direcionado.

O MOSAICO BÍBLICO

10

Quando eu fui a Barcelona com minha esposa, visitamos o Templo da Sagrada Família, projetado pelo arquiteto Antoni Gaudí. É uma construção espetacular, iniciada em 1882 e ainda em obra! Ao visitá-lo, fomos expostos a uma beleza extraordinária. É um prédio muito alto, e tivemos de tomar certa distância para admirar por completo sua beleza e grandiosidade. E, apesar de suas grandes dimensões, cada parte de seu interior contém um detalhe da sagrada família de Jesus. Ficamos um bom tempo observando o interior daquela igreja, e ainda foi pouco, porque é praticamente impossível, em uma visita de poucas horas, observar e assimilar a maravilha de todos os pequenos detalhes dessa construção gigantesca.

Mas havia algo grandioso que nos chamou a atenção: os vitrais em mosaico. Cada imagem representada neles era composta por pequenos pedaços de vidro que, individualmente, não representam coisa alguma. Vistos em conjunto, porém, formavam um desenho magnífico. Além disso, dependendo da altura do sol e da estação do ano, a luz que passa pelos vitrais projeta diferentes cores no chão da catedral.

Penso que algo semelhante acontece com a Bíblia. Ela é um mosaico construído ao longo de séculos, por meio de textos escritos, pela tradição oral ou mesmo pelas canções entoadas de geração em geração.

O MOSAICO REVELA A GENIALIDADE DO ARTISTA

Mosaico é a aglomeração organizada de imagens independentes entre si, mas que, juntas, formam uma grande imagem única. É algo semelhante a uma colcha de retalhos feita a partir de pedaços de pano que uma pessoa foi colecionando ao longo da vida: pedaços herdados, comprados, presenteados. Há diversas pessoas, talvez até mesmo gerações, que se unem, dando origem, no final, a uma bela peça cheia de detalhes e de história.

Há muitos tipos de mosaico, tantos que, às vezes, passamos por eles e nem percebemos. Em São Paulo e no Rio de Janeiro, algumas calçadas formam um mosaico que representa a identidade dessas cidades. São apenas pedrinhas de formatos diversos, mas que, colocadas no lugar certo, transmitem uma mensagem.

FIGURAS 1, 2 E 3

Gosto muito do trabalho do artista plástico paulista Vik Muniz,[27] que se tornou famoso no Brasil por fazer a abertura da novela *Passione*, de Sílvio de Abreu. Esse videoclipe foi filmado a partir de imagens formadas por Vik Muniz com elementos retirados do lixo, formando mosaicos enormes. Quem se aproximar da obra (ou ampliar a foto), verá pneus velhos, sofás rasgados e latas enferrujadas, mas, quando se afastar, ficará maravilhado com o belo desenho que o artista criou.

---

[27] Site oficial do artista plástico: vikmuniz.net/pt/. Disponível em: youtu. be/4dPbmB4G6s4.

Outro mosaico famoso é o da abertura das Olimpíadas de Moscou, de 1980.[28] O mundo ficou maravilhado com a multidão no estádio formando um grande mosaico do urso Misha, mascote do evento. O ursinho aparecia em movimentos produzidos por um enorme mosaico de coreógrafos, que portavam placas coloridas, levantadas e abaixadas em perfeita sincronia nas arquibancadas do estádio. Quando assisti a essa coreografia no Youtube, fiquei imaginando que um dos coreógrafos, ao receber uma simples placa branca, talvez tivesse pensado: "Que azar! Vou ficar à margem do mosaico, em uma posição sem importância". Mas, na cerimônia de encerramento, sua placa branca foi usada para maravilhar milhares de pessoas ao redor do mundo com o momento mais marcante de todos: simular uma lágrima caindo do olho do ursinho.

O que me encanta nos mosaicos é seu processo de aproximação e afastamento, que, mais adiante, vou chamar de zoom-in e zoom-out. A imagem formada pelos milhares de componentes tem sua beleza, que é aumentada quando deparamos com a singularidade de cada pecinha. É a junção dessas peças comuns — que não foram feitas para se encaixar como peças de um quebra-cabeça — que compõe a extraordinária obra concebida na cabeça do artista. No processo de aproximação, vemos pessoas e objetos comuns, e, quando nos afastamos, temos diante de nós uma figura complexa e plena de sentido.

Foi exatamente a analogia do mosaico que mudou minha leitura bíblica para sempre e me fez tornar essa metáfora a mais importante deste livro. Essa ideia foi proposta pelo dr. Robert Alter, professor de Hebraico e Literatura Comparada na Universidade da Califórnia, em Berkeley. Ele escreveu diversas obras sobre como os autores bíblicos pensavam e como o mosaico bíblico pode ser construído. Outra referência nesse campo é o dr. Tim Mackie, cofundador do projeto de animações bíblicas *The Bible project*.

---

[28]Disponível em: youtu.be/aJikbQ8kWLE.

FORMAÇÃO DO MOSAICO BÍBLICO

O mosaico bíblico é a organização de narrativas independentes entre si, mas que, juntas, formam uma grande e única imagem messiânica de Jesus e de seu evangelho. A compreensão do mosaico bíblico surge da consciência de que a Bíblia foi inspirada por Deus e de que toda a revelação escrita reunida aponta para Jesus Cristo, revelado na plenitude do Deus criador de forma criacional e salvífica.

Impressiona saber que, ao mergulhar nos versículos bíblicos e ler a Bíblia por completo, é possível ver a imagem completa e única do evangelho. É uma junção de textos de diferentes autores que apontam para o Messias. O sentimento é maravilhoso quando entendemos que o evangelho de Jesus é o projeto final da revelação de Deus.

Quando os autores revelavam o Deus único e verdadeiro por meio de seus textos, estavam compondo um grande mosaico. Ao construírem seus pensamentos e textos com suporte nas ideias de outros autores bíblicos que vieram anteriormente, e ao citarem trechos e fazerem alusões a outros textos das Escrituras, principalmente da Torá, estavam cientes de que não escreviam apenas um texto solto, mas, sim, que estavam ampliando a grande revelação de Deus. Cada trecho, cada livro, era uma obra de arte única, revelando a vontade e a grandeza de Deus para além daquele fragmento de obra-prima. Isso, por sua vez, também seria ampliado quando se contemplasse o grande feito de Deus ao longo da história daquele povo como um grande mosaico, em que cada livro era um pedaço de vidro único, um retângulo de pano, e seu sentido só seria pleno ao se juntar às outras partes.

É admirável descobrir que o Espírito de Deus, o grande artista por trás das Escrituras, inspirou indivíduos comuns, episódios da história de Israel, declarações dos profetas e provérbios de sábios para revelar a obra de arte final: Jesus Cristo, o Filho de Deus, e seu evangelho. Quem se prende a pequenos textos, deixa de ver o mosaico completo das Escrituras, que o Artista dos artistas, com um cuidado extremo, compôs, usando cada palavra, cada frase e cada livro para mostrar ao mundo inteiro o eterno amor de Deus. E, ao nos aproximar do estudo de cada palavra e de cada livro, vemos a genialidade do Artista que dispôs as peças em seus devidos lugares, para que transmitissem a imagem que ele intencionava.

Um exemplo disso é um *photomosaic* famoso que circula na internet: a figura clássica de uma pintura do rosto de Jesus Cristo que, quando se amplia a imagem do mosaico, encontram-se fotos de cristãos realizando tarefas do dia a dia.[29] Essas fotos comuns foram colocadas no lugar certo, com o tamanho certo, para que, quando alguém olhar de longe, possa ver a imagem de uma pintura do rosto de Jesus. Para entender o que se encontra nas fotos, é preciso olhá-las bem de perto; no entanto, elas também fazem parte da imagem maior, que só pode ser vista quando todas as fotos menores estão no devido lugar. Um processo semelhante é necessário para se entender a Bíblia como um todo. Quando nos aproximamos de um único texto bíblico, vemos que se trata de uma imagem individual e que tem seu sentido e sua lógica. Encaixando esse texto no que denomino "imagens em grupo", conseguimos enxergar os padrões de repetição presentes nas narrativas. Juntando os grupos, podemos visualizar a imagem final. Isso é maravilhoso! Esse exercício é fundamental no processo de leitura bíblica.

CRISTO: A IMAGEM FINAL DO MOSAICO

Não adianta ler a Bíblia sem saber para quem ela aponta. Estes são os óculos que devemos usar em nossa leitura bíblica: entender o que os autores falam sobre o Messias e, acima de tudo, o que o próprio Cristo fala a seu respeito. Leiamos atentamente suas palavras registradas pelo quarto evangelista: "Vocês estudam cuidadosamente as Escrituras, porque pensam que nelas vocês têm a vida eterna. E são as Escrituras que testemunham a meu respeito" (João 5:39). Nesse ponto, Jesus está respondendo a questionamentos dos mestres da lei.

---

[29]Disponível em: www.picturemosaics.com/photomosaics/id/180.

Esses homens começavam a estudar a Torá aos cinco anos de idade. Depois de anos de estudo, a maioria desses jovens conhecia o texto de cor. Em determinada idade, eram conduzidos ao Templo para mostrar a proficiência de seus estudos aos rabinos. Com base nessa avaliação, os que tivessem maior destaque eram chamados para permanecer no Templo e aprender com mais profundidade os Profetas e os Escritos.

Com a aprovação dos líderes religiosos, os poucos selecionados deveriam escolher algum rabino para seguir e, se esse mestre o aceitasse, o adolescente se tornaria seu discípulo e lhe serviria como a um pai. Também aprenderia a interpretar as Escrituras de forma profunda e prática. Essa escola de muita honra era uma espécie de curso "superior", e tinha o nome de *Beit Midrash* ("casa da interpretação"). Paulo é um exemplo de bom aluno, pois foi aceito pelo grande sábio Gamaliel (Atos 22:3). Foi aos pés dele que o apóstolo aprendeu praticamente tudo o que sabia, possivelmente até mesmo muitos dos idiomas que falava.

Anos antes, Jesus se apresentara a esses mestres da Lei e expôs seu conhecimento da Torá. Eles ficaram impressionados com a capacidade daquele menino de apenas 12 anos.

> Quando ele completou doze anos de idade, eles subiram à festa, conforme o costume. [...] Depois de três dias o encontraram no templo, sentado entre os mestres, ouvindo-os e fazendo-lhes perguntas. Todos os que o ouviam ficavam maravilhados com o seu entendimento e com as suas respostas (Lucas 2:42,46,47).

O evangelista Lucas deixa nas entrelinhas de sua narrativa que Jesus não aceitou caminhar com os mestres do Templo para se tornar um rabino. Seu aprendizado passou longe das instituições, e a autoridade de seus ensinamentos vinha do Pai e dos sinais que fazia. A escolha posterior que fez de seus discípulos seguia outros critérios.

Quando Jesus declarou, em João 5:39, que os mestres estudavam cuidadosamente as Escrituras, quis dizer que eles as conheciam muito bem, porém não as interpretavam de forma correta, já que elas falavam a respeito dele. Jesus é a imagem final do mosaico, algo que os mestres da Lei não enxergavam.

Certa ocasião, Jesus declarou: "Felizes são os olhos de vocês, porque veem; e os ouvidos de vocês, porque ouvem. Pois eu digo a verdade: Muitos profetas e justos desejaram ver o que vocês estão vendo, mas não viram, e ouvir o que vocês estão ouvindo, mas não ouviram" (Mateus 13:16-17). Aqui também vemos Jesus como a finalidade do mosaico. Os discípulos de Cristo eram bem-aventurados por viverem um momento da história desejado pelos homens e pelas mulheres de Deus. Eles eram as testemunhas oculares do cumprimento da grande revelação que é Jesus Cristo e o evangelho do Reino.

A CONSTRUÇÃO DO MOSAICO BÍBLICO EM MATEUS

Os autores do Novo Testamento empregaram revelações passadas, aglomeradas para construir a imagem de Jesus e revelá-lo em sua plenitude. Um autor que faz isso de maneira muito clara é Mateus. Em seu Evangelho, ao contar a história de Jesus de forma contextualizada ao público judeu, além de ser fiel ao que viu e ao que lhe foi revelado por meio do Espírito Santo, ele montou um mosaico com as histórias do Antigo Testamento, a fim de mostrar que Jesus é o verdadeiro Israel.

Quando lemos o Antigo Testamento, temos acesso à história de Israel, o povo de Deus. Mateus, porém, nos mostra que essa história é uma peça individual que compõe uma história maior. Ao relatar a história de Jesus, principalmente nos quatro primeiros capítulos, Mateus mostra que Jesus é o verdadeiro Moisés e o verdadeiro Israel. A promessa de Deus a Abraão — "por meio de você todos os povos da terra serão abençoados" (Gênesis 12:3) — se cumpre definitivamente em Jesus, que Mateus liga genealogicamente a Abraão: "Registro da genealogia de Jesus Cristo, filho de Davi, *filho de Abraão*" (Mateus 1:1-2).

Diferentemente da genealogia de Jesus apresentada por Lucas, que principia com José e retrocede a Adão, Mateus começa de

Abraão e traça sua descendência até Jesus, dividindo sua linhagem em três blocos simetricamente pensados. Seu propósito é estabelecer um paralelo entre a história do povo de Deus, que começa em Abraão, e a história de Jesus.

O evangelista segue com outro paralelo:

> Disse [Jacó] ainda: "Ouvi dizer que há trigo no Egito. Desçam até lá e comprem trigo para nós, para que possamos continuar vivos e não morramos de fome" (Gênesis 42:2).

> Depois que partiram, um anjo do Senhor apareceu a José em sonho e lhe disse: "Levante-se, tome o menino e sua mãe, e fuja para o Egito" (Mateus 2:13).

Assim como a linhagem de Abraão — o povo de Israel — foi preservada da morte quando o patriarca e seus filhos buscaram refúgio no Egito, a vida de Jesus também foi preservada em uma fuga para o Egito. Com isso, Mateus amplia o mosaico e aponta para Jesus como o novo Israel.

Ainda no contexto da fuga para o Egito, Mateus estabelece outra relação com o Antigo Testamento, dessa vez citando diretamente o profeta Oseias: "Assim se cumpriu o que o SENHOR tinha dito pelo profeta: 'Do Egito chamei o meu filho'" (Mateus 2:15; cf. Oseias 11:1). Uma mente ocidental e científica que consulta o livro de Oseias para conferir a passagem não encontrará no texto uma relação clara com Jesus, até porque não se trata de uma profecia; é, antes, um relato da saída do povo de Israel do Egito a caminho da Terra Prometida. Mateus não teria usado um texto fora de contexto? Não. Mateus está construindo o mosaico bíblico ao dizer que o que aconteceu com o povo de Israel foi exatamente o que aconteceu com Jesus. Da mesma forma, à semelhança de Moisés, Jesus não foi morto pelas autoridades; buscou refúgio no Egito e depois retornou a Israel para libertar o povo de Deus.

O rei do Egito ordenou às parteiras dos hebreus [...]: "Quando vocês ajudarem as hebreias a dar à luz, verifiquem se é menino. Se for, matem-no; se for menina, deixem-na viver"(Êxodo 1:15,16).

Quando Herodes percebeu que havia sido enganado pelos magos, ficou furioso e ordenou que matassem todos os meninos de dois anos para baixo, em Belém e nas proximidades, de acordo com a informação que havia obtido dos magos (Mateus 2:16).

O próximo ponto de contato entre o Evangelho de Mateus e a história do povo de Deus acontece em seu batismo:

[Disse o SENHOR:] "Erga a sua vara e estenda a mão sobre o mar, e as águas se dividirão para que os israelitas atravessem o mar em terra seca." [...] Os israelitas atravessaram o mar pisando em terra seca, tendo uma parede de água à direita e outra à esquerda (Êxodo 14:16,29).

Assim que Jesus foi batizado, saiu da água. Naquele momento, o céu se abriu, e ele viu o Espírito de Deus descendo como pomba e pousando sobre ele (Mateus 3:16).

Ao mostrar Jesus saindo da água do Jordão, Mateus estabelece um paralelo com a saída do povo de Israel do Egito, que atravessou o mar Vermelho no início de sua jornada rumo à Terra Prometida, e com a obra do Espírito Santo em Moisés, que conduzia o povo. O evangelista mostra a importância do batismo de Jesus como uma legitimação de que ele tinha a bênção de Deus. Assim como a bênção do Pai se manifestou em forma de uma pomba no batismo de Jesus, Deus mostrou sua bênção sobre o povo de Israel quando Moisés estendeu o cajado por sobre o mar e abriu as águas para que eles pudessem passar.

Na sequência de sua narrativa, Mateus compara Jesus a Moisés e ao povo de Deus no episódio da tentação no deserto:

> Moisés ficou ali com o Senhor quarenta dias e quarenta noites, sem comer pão e sem beber água. E escreveu nas tábuas as palavras da aliança: os Dez Mandamentos (Êxodo 34:28).

> Os israelitas comeram maná durante quarenta anos (Êxodo 16:35a).

> Jesus foi levado pelo Espírito ao deserto, para ser tentado pelo Diabo. Depois de jejuar quarenta dias e quarenta noites, teve fome (Mateus 4:1,2).

Assim como o povo de Deus, Jesus foi tentado. O número quarenta surge várias vezes em situações que alteram o rumo de uma história: em Gênesis, na arca de Noé; no Êxodo, no tempo que Moisés passou no monte Sinai, quando recebeu as tábuas da lei; e nos quarenta anos de peregrinação do povo pelo deserto. Da mesma forma, os dias que Jesus passou em tentação foram necessários para testá-lo ao seu ministério. Diferentemente de Israel, que falhou, Jesus venceu a tentação e passou no teste. Em nossa mente moderna, não há problema em interpretar o número quarenta de forma literal, mas temos de entender a lógica do autor bíblico, que encaixa alguns elementos figurados na história, inclusive no relato de situações literais.

Um último paralelo no Evangelho de Mateus com o livro de Êxodo se dá na transmissão da Palavra de Deus ao povo:

> O Senhor desceu ao topo do monte Sinai e chamou Moisés para o alto do monte. Moisés subiu (Êxodo 19:20).

> Vendo as multidões, Jesus subiu ao monte e se assentou. Seus discípulos aproximaram-se dele, e ele começou a ensiná-los (Mateus 5:1,2).

Assim como Jesus subiu ao monte e se assentou, Moisés subiu ao monte para receber os Dez Mandamentos, a revelação plena de Deus. Depois de quarenta dias, ele desceu e começou a legislar sobre o povo de Deus, assim como Jesus se assentou como legislador. Esses pontos garantem a clareza do paralelo: Jesus é o novo Moisés e o novo Israel, e seus discípulos são as novas doze tribos. A partir de Jesus, tem início uma nova jornada do povo de Deus. Por isso, as bem-aventuranças proferidas por Jesus em Mateus 5 fazem um paralelo claro com as leis que Moisés recebeu e estão registradas no Pentateuco (Torá).

Há outros paralelos entre Israel e Jesus ao longo do Evangelho de Mateus. O mosaico vai se completando até nos revelar a linha narrativa seguida pelo evangelista: Jesus é o legítimo descendente de Abraão, por meio de quem a terra seria abençoada.

A EXPRESSÃO QUE DEU ORIGEM AO MOSAICO

A expressão básica que os primeiros autores bíblicos expandiram em um grande mosaico messiânico é "imagem e semelhança", em Gênesis 1:26. Quando o autor de Gênesis finaliza o relato da Criação com a formação do homem e da mulher no sexto dia, apresentando-os como o ápice de tudo o que foi feito e como criados à imagem e à semelhança de Deus, temos a coroação do ser humano. Ao longo do Antigo Testamento, os autores bíblicos ampliaram o sentido dessa expressão, culminando em Jesus no Novo Testamento e completando, assim, o mosaico. A expressão "imagem e semelhança" é trabalhada em quatro aspectos: da realeza, do sacerdócio, da primogenitura e do lugar próximo a Deus.

IMAGEM E SEMELHANÇA COMO REIS

Essa expressão era usada em referência aos líderes tribais e a reis de grandes nações. No mundo antigo, o rei era considerado um ser divino ou um semideus, e tudo o que ele dizia era revestido de autoridade divina. Quem ousasse questioná-lo sofria as consequências de ir contra a divindade.

Era isso que os seres humanos seriam em Adão, cujo nome significa "humanidade", pois o mandato que receberam falava de governar sobre os animais e a criação. No entanto, com o pecado de Adão e Eva, esse reinado foi interrompido e, ao longo da Bíblia hebraica, vemos Deus procurando um rei — ou seja, alguém à sua imagem e à sua semelhança — que desempenhasse esse papel.

Em uma das promessas feitas a Abraão, Deus diz: "Eu o tornarei extremamente prolífero; de você farei nações e de você procederão reis" (Gênesis 17:6). De Abraão, que seria o pai e senhor de grandes reis das nações, surgiria o Rei dos reis. A história mostra que nenhum dos patriarcas esteve à altura disso. Nenhum deles agiu perfeitamente como imagem e semelhança do Criador. O que chegou mais perto foi Davi, que, como humano, também falhou.

O apóstolo João mostra que Jesus é o Rei esperado, o verdadeiro descendente de Abraão, Senhor de todos os reis: "Em seu manto e em sua coxa está escrito este nome: REI DOS REIS E SENHOR DOS SENHORES" (Apocalipse 19:16). Jesus é o verdadeiro Rei à imagem e à semelhança de Deus. Ele é Rei e Senhor de todas as coisas.

IMAGEM E SEMELHANÇA COMO SACERDOTES

Moisés explorou o sentido de sacerdócio da humanidade quando disse que Israel seria uma nação de sacerdotes que representaria Deus diante da criação e a criação perante Deus: "Vocês serão para mim um reino de sacerdotes e uma nação santa" (Êxodo 19:6).

Quando lemos nos cinco livros de Moisés o papel do sumo sacerdote, percebemos as características que Deus buscava em sua imagem e semelhança como representante. Uma vez ao ano, o sumo sacerdote levava o sacrifício do povo ao Santo dos Santos — a criação sendo representada diante de Deus. Depois, ele saía da tenda para anunciar que Deus aceitara o sacrifício e expiara o pecado do povo — Deus representado diante da criação. No entanto, a narrativa da antiga aliança mostra que o povo nunca foi fiel a esse chamado nem à aliança com Deus.

No Novo Testamento, os escritores concluem o mosaico ao apresentar Jesus como imagem e semelhança sacerdotal de Deus: "Temos um grande sumo sacerdote que adentrou os céus, Jesus, o Filho de Deus" (Hebreus 4:14). Jesus é o sumo sacerdote definitivo no plano eterno de Deus.

IMAGEM E SEMELHANÇA COMO PRIMOGÊNITOS DE DEUS

A expressão "imagem e semelhança" é repetida em Gênesis 5:1 quando se menciona a genealogia de Adão a partir do terceiro filho, que agradou ao pai de forma plena e recebeu a bênção da primogenitura. Essa era a principal bênção, transmitida de pai para filho.

Depois da Queda, Deus anunciou seu novo primogênito — e para o espanto dos que não estão familiarizados com a Bíblia como um todo, não era Jesus: "Diga ao faraó que assim diz o SENHOR: Israel é o meu primeiro filho" (Êxodo 4:22). Com isso, Deus deixa claro que faraó escravizava o filho primogênito de Deus, uma das razões para a décima praga envolver a morte dos primogênitos.

No Novo Testamento, Jesus é diversas vezes chamado de "Filho de Deus". Os discípulos afirmam isso de forma clara na declaração de Simão Pedro: "Tu és o Cristo, o Filho do Deus vivo" (Mateus 16:16).

IMAGEM E SEMELHANÇA COMO INTIMIDADE

"Imagem e semelhança", essa expressão representa um lugar perto de Deus, um lugar especial, como o espaço sagrado de um templo, o quarto de um pai ou o jardim secreto feito por um rei poderoso.

Depois que o casal desobedeceu à ordem do Criador, uma das consequências de seu pecado foi o exílio da presença de Deus, a expulsão do jardim da intimidade com o Pai. Então, Deus revelou seus planos a Moisés: se seu povo permanecesse fiel à aliança, ele reverteria esse afastamento e plantaria um novo Éden no meio de seu povo: "Farão um santuário para mim, e eu habitarei no meio deles" (Êxodo 25:8). Todas as instruções detalhadas acerca da construção do

Tabernáculo constituem uma dramatização do retorno ao paraíso, centralizado na presença de Deus.

Jesus Cristo é a encarnação do lugar próximo a Deus, acessível agora a toda a humanidade: "A Palavra tornou-se carne e viveu [tabernaculou] entre nós" (João 1:14).

A ESTRUTURA DA NARRATIVA NO MOSAICO

11

MAIS DE METADE DAS ESCRITURAS É CONSTITUÍDA POR narrativas. Vemos isso em Gênesis, Êxodo, nos Evangelhos e até mesmo na Carta aos Gálatas. Se não identificarmos a narrativa e não acompanharmos seu desenvolvimento, facilmente nos perderemos nas metáforas e nos simbolismos. No meu caso, quando lia os livros do Pentateuco, eu me perguntava em que medida aquilo se relacionava comigo ou qual a importância daqueles detalhes e listas, que pareciam tão específicos. Talvez você tenha perguntas semelhantes a essa ou outras passagens da Bíblia. São perguntas legítimas, e a resposta se mostra clara quando entendemos como cada texto narrativo se relaciona com o restante da Bíblia e o que apresenta à luz da revelação completa. Buscar a dimensão da grande revelação de Deus de Gênesis a Apocalipse é fundamental para se entenderem a Palavra e o motivo de cada história ter sido narrada pelo autor.

O que é uma narrativa? Trata-se de uma seleção de acontecimentos na vida de um ou vários personagens, narrada em uma sequência estratégica e lógica, com um objetivo específico em vista.[30] Alguns exemplos de narrativa na Bíblia são: a história de José (Gênesis 39—50); o teste de Gideão (Juízes 6:36-40); o adultério de Davi (2Samuel 11:1-5); o Pentecoste (Atos 2); o ministério de Filipe (Atos 8); a conversão de Paulo (Atos 9); a conversão de Cornélio (Atos 10).

---

[30] Robert McKee, *Story: substância, estrutura, estilo e os princípios da escrita de roteiro* (Curitiba: Arte & Letra, 2006), p. 45.

ELEMENTOS DA NARRATIVA

De modo geral, o arco narrativo de uma história é composto pelos seguintes estágios:[31]

DIAGRAMA 7

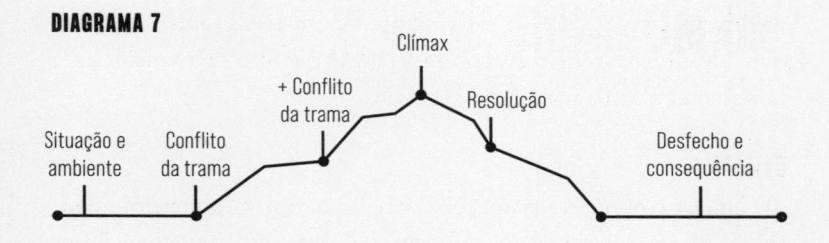

SITUAÇÃO

Toda narrativa se desenrola dentro de um ambiente contextual, em uma época e um local determinados, e durante certo período.

Época: É o momento em que a narrativa se desenvolve. A história da Criação, por exemplo, teve lugar "no princípio" (Gênesis 1:1). O profeta Isaías viu o Senhor "no ano em que o rei Uzias morreu" (Isaías 6:1). Lucas, em seu Evangelho, data o nascimento de Cristo no ano em que "César Augusto publicou um decreto ordenando o recenseamento de todo o Império Romano. [...] quando Quirino era governador da Síria" (Lucas 2:1,2).

Local: É o lugar em que a narrativa se desenvolve. O pecado de Adão e Eva aconteceu no jardim do Éden. Na visão que teve, Isaías viu o Senhor assentado no Templo. Quando fala do nascimento de Cristo, Lucas o localiza na cidade de Belém.

Duração: É o tempo no qual a narrativa se estende. A Criação do mundo acontece em seis dias. O ministério de Cristo, narrado nos Evangelhos, estendeu-se por cerca de três anos.

---

[31]Idem.

CONFLITO DA TRAMA E INTENSIFICAÇÃO DO CONFLITO

Estabelecido o ambiente da narrativa, ocorre o conflito, sem o qual a história não acontece. Esse evento, então, provoca uma mudança na trama, alterando o ambiente — a aparição da serpente no Éden; a consciência de Isaías de estar diante de um Deus santo; a hostilidade dos líderes religiosos contra Jesus. O conflito se intensifica até atingir o clímax da narrativa.

CLÍMAX

O clímax é o ponto de maior relevância na narrativa, aquele momento em que perdemos o fôlego. Aqui há uma mudança nos valores esperados: o mundo perfeito do Éden é corrompido pelo pecado; o Deus soberano abre a boca para falar com Isaías; Jesus é preso e morto. O objetivo dessa mudança de rumo é mexer com o coração do público[32] e levá-lo à resolução do conflito, deixando no ar a dúvida quanto ao que pode acontecer.

RESOLUÇÃO DO CONFLITO

A resolução do conflito pode ser boa ou desastrosa, mas é imprescindível em qualquer história: na Queda, Adão e Eva foram expulsos do paraíso; Isaías foi purificado com uma brasa do altar; Jesus ressuscitou três dias depois de sua morte.

DESFECHO

A resolução do conflito volta a apresentar o ambiente inicial, agora alterado pelo conflito ocorrido. Eva tem seu primeiro filho na esperança de que ele seja o descendente prometido que pisará a cabeça da serpente; Isaías é enviado a profetizar ao povo; Jesus envia seus seguidores como testemunhas da sua ressurreição.

---

[32]McKee, p. 293.

A GRANDE NARRATIVA BÍBLICA

A Bíblia também está magistralmente estruturada em narrativas: os pequenos episódios, aparentemente desarticulados entre si, unem-se, formando uma grande história, o mosaico final da revelação divina.

Seguindo os estágios da narrativa, a grande narrativa bíblica transcorre da seguinte forma:

1. *Situação:* O cenário é o jardim do Éden, onde o ser humano criado é colocado para reinar sobre a criação, em plena comunhão com Deus.
2. *Conflito*: Adão e Eva, representantes da raça humana, são tentados e escolhem rebelar-se contra Deus.
3. *Intensificação do conflito*: O conflito se intensifica quando os escolhidos de Deus, como Davi e Abraão, falham em levar a humanidade de volta à plena comunhão com Deus.
4. *Clímax:* O ponto alto das Escrituras é a encarnação de Jesus, o Filho de Deus. Ainda pensando em narrativa, sua crucificação e a ressurreição seriam o clímax do clímax, o momento mais esperado na grande narrativa bíblica.
5. *Resolução do conflito*: O conflito começa a se resolver quando Jesus, já ressuscitado, comissiona seus discípulos, estabelece sua igreja e envia seu Espírito. É essa parte da narrativa que vivemos hoje.
6. *Desfecho*: Essa grande história se concluirá com o novo Éden — novo céu e a nova terra —, lugar e momento em que a plena comunhão da humanidade com Deus será restaurada com a segunda vinda de Jesus.

É dentro dessa grande narrativa bíblica que todas as outras narrativas das Escrituras, de Gênesis a Apocalipse, estão encaixadas. Nela, de certa forma, encontramos a chave para ler as narrativas individuais que compõem os livros da Bíblia.

ZOOM-OUT: A ESTRUTURA NARRATIVA NOS TEXTOS BÍBLICOS

Assim como as Escrituras têm uma grande narrativa, cada livro tem seu arco narrativo, e cada episódio dentro desse livro também tem seu próprio arco narrativo. Entender a narrativa de cada um nos ajuda a compreender sua função dentro da estrutura maior em que está inserida: a função da história no livro, e do livro na revelação de Deus.

Tomemos como exemplo o Evangelho de João, que está estruturado da seguinte forma:

Situação: Após um prólogo que apresenta Jesus como a encarnação do Verbo criador, João Batista o apresenta aos judeus (1).

Conflito: Com sete milagres e sinais, Jesus demonstra que está estabelecendo o Reino de Deus entre os homens (2—11:44).

Intensificação do conflito: Os líderes religiosos decidem matar Jesus (11:45-47).

Clímax: A semana da Páscoa se inicia com a unção de Jesus em Betânia, passa pela longa narrativa da última noite com os discípulos e culmina na morte de Jesus (12—19).

Resolução do conflito: Jesus ressuscita (20:1-10).

Desfecho: Após narrar as aparições de Jesus aos seus seguidores, João conclui o livro com um epílogo, da mesma forma que o abriu com um prólogo (20:11—21:25).

DIAGRAMA 8

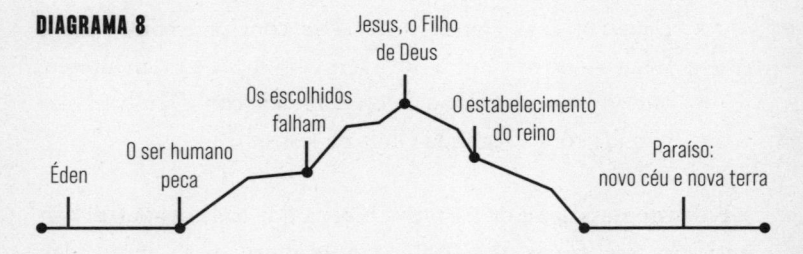

Muitas edições da Bíblia e comentários bíblicos trazem uma estruturação para cada livro das Escrituras. É muito útil ter essa visão panorâmica do livro antes de adentrar nas histórias particulares, para não perder de vista o fio narrativo que o autor bíblico desenrola, episódio a episódio. Essa visão do todo — primeiro, do mosaico bíblico; depois, da narrativa do livro — nos auxilia na compreensão e na interpretação de passagens específicas.

ZOOM-IN: A ESTRUTURA NARRATIVA EM PASSAGENS ESPECÍFICAS

A mesma ferramenta do arco narrativo pode ser usada para se entender cada parte que compõe o livro e, depois, cada história que compõe aquela parte. Podemos chamar esse foco cada vez mais estreito de zoom-in: isso implica deixar de olhar o grande mosaico e se ater na pecinha de vidro que forma um pedacinho da imagem.

Seguindo com o exemplo do Evangelho de João, podemos aumentar o zoom no clímax do livro, compreendido entre os capítulos 12 a 19. Veremos que a mesma lógica do arco narrativo se aplica a essa seção da história:

Situação: Jesus está em Jerusalém para a festa da Páscoa. Ele entra como rei na cidade e depois celebrou a Páscoa com seus discípulos (12—17).
Conflito: Jesus é traído e preso (18).
Intensificação do conflito: Jesus é condenado à morte (19:1-16).
Clímax: Jesus é crucificado (19:16-25).
Resolução do conflito: Jesus morre (19:28-37).
Desfecho: Jesus é sepultado (19:38-42).

Podemos estreitar o foco ainda mais, aplicando mais zoom em um único episódio do livro para compreender a sequência de eventos que leva a outro episódio. Tomemos, por exemplo, o julgamento de Jesus por Pilatos:

Situação: Os judeus levaram Jesus da casa de Caifás para o Pretório (18:28-31).

Conflito: Pilatos interroga Jesus e não encontra crime nele (18:32-38).

Intensificação do conflito: Pilatos tenta libertar Jesus por não encontrar crime nele (18:39—19:12a).

Clímax: O povo insiste em crucificar Jesus (19:12b-15).

Resolução do conflito: Pilatos entrega Jesus para ser crucificado (19:16,17).

Desfecho: Pilatos identifica Jesus como o rei dos judeus (19:19-22).

A alternância entre o zoom-out — que é a contemplação da grande história em que se encaixam os episódios bíblicos, seja no contexto de um livro, seja no contexto das Escrituras — e o zoom-in — que é o foco em uma seção ou em um episódio específico — possibilita-nos contemplar melhor o grande mosaico bíblico, e fazer uma leitura correta dos eventos e até mesmo dos versículos registrados. Essa prática evita leituras equivocadas e a aplicação errônea de um texto bíblico fora de contexto.

UMA VISÃO MULTIFOCAL DE MUNDO

12

USO ÓCULOS DESDE OS 11 ANOS. POR ISSO, APRENDI MUITA coisa sobre óculos. Uma delas é que há três tipos de lentes: monofocais, bifocais e multifocais. Os óculos monofocais cobrem apenas um campo de visão. Você já deve ter visto alguém usar um par de óculos para ver televisão e outro para ler. Um deles é "para perto"; o outro, "para longe". Os óculos bifocais têm uma divisão na lente, e parte da lente se destina a ver "de perto", enquanto a outra serve para o usuário ver "de longe". As lentes multifocais, como diz o nome, têm foco de longo, médio e curto alcance.

Na fotografia, as lentes também podem proporcionar experiências diferentes e novos olhares em cada foto. Dependendo da lente, obtém-se foco mais próximo ou mais aberto, cores mais vivas ou mais apagadas, maior ou menor detalhamento.

FIGURA 4

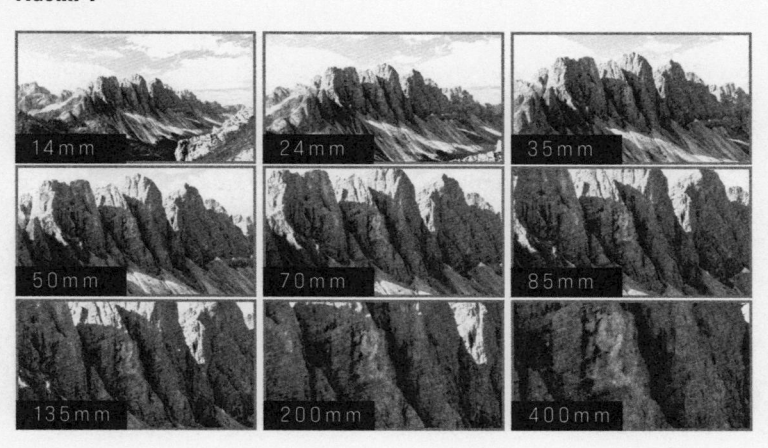

As histórias bíblicas também são narradas com diferentes lentes. Muitas delas são narradas mais de uma vez, e por autores diferentes — veja, por exemplo, os episódios do ministério de Jesus, como a multiplicação dos pães e a crucificação, que foram narrados em cada um dos evangelhos com detalhes diferentes. Quanto mais uma história fosse repetida, mais a experiência e o entendimento do leitor seriam ampliados pela realidade nova de um mesmo fato.

Nem sempre os intérpretes ocidentais, com seu pensamento científico e linear, entendiam esse ponto. Ao longo da história da interpretação bíblica, várias teses foram elaboradas para explicar a repetição das histórias — especialmente as discrepâncias entre elas — nas Escrituras.

Uma dessas teorias, por exemplo, sugere que o Pentateuco foi formado a partir de textos escritos por quatro autores diferentes. O trabalho desses supostos quatro autores teria sido compilado no século 4 a.C., possivelmente por Esdras. Isso explicaria por que há "contradições" no Pentateuco — como as duas narrativas da Criação (Gênesis 1:1—2:3; 2:4-25); os três relatos de Sara como esposa/irmã de Abraão (Gênesis 12:10-20; 20:1-8; 26:1-11); e as duas narrativas do episódio de Meribá (Êxodo 17:1-7; Números 20:1-13).

Essa teoria, conhecida como *hipótese documental, teoria das fontes* ou *crítica das fontes,* não encontra hoje consenso entre os hebraístas; no entanto, ajuda-nos a entender o mosaico bíblico, chamando nossa atenção para o fato de que há diferenças entre os relatos que tratam de um mesmo episódio bíblico. Creio que isso era feito de forma proposital, de acordo com os objetivos de cada autor.

Por exemplo: a teoria das fontes, explanada brevemente acima, questiona o motivo de Deus ser chamado de Elohim em Gênesis 1 e de YAHWEH no capítulo 2. Meu entendimento é que o autor de Gênesis tinha um objetivo diferente ao usar esses nomes. Em Gênesis 1, Deus é apresentado como Elohim, o grande Criador.

Em Gênesis 2, Deus é Yahweh, o Deus pessoal que criou o ser humano e se relaciona com ele. Isso não implica necessariamente autoria diversificada, mas, sim, um único autor usando nomes diferentes para Deus a fim de ressaltar um aspecto diferente de seu caráter.

A visão multifocal do mundo, expressa pelos autores bíblicos em seus escritos, pode ser verificada em muitas passagens das Escrituras. Nas páginas seguintes, analisarei três situações — Gênesis, Evangelho de João e Apocalipse — como exemplo da consciência do autor bíblico em desenvolver uma narrativa que busca produzir determinado efeito no leitor.

VISÃO MULTIFOCAL EM GÊNESIS 1 E 2

A primeira narrativa que encontramos na Bíblia é a Criação — e é essa também a primeira narrativa que se apresenta em dois relatos paralelos: Gênesis 1:1—2:3 e 2:4-25.

O primeiro relato é encabeçado por um *título*, o primeiro versículo:

No princípio Deus criou os céus e a terra (1:1).

A narrativa segue apresentando o caos existente, simbolizado pela "terra sem forma e vazia" e pelas "águas", supondo excesso de água.

Era a terra sem *forma e vazia; trevas cobriam a face do abismo,* e o Espírito de Deus se movia sobre *a face das águas* (1:2).

Deus interfere, possibilitando a vida. Com um ambiente adequado, o homem e da mulher são criados como reis que governam o mundo com Deus:

Criou Deus o homem à sua imagem, *à imagem de Deus* o criou; *homem e mulher os criou* (1:27).

Em Gênesis 2, deparamos com outro relato da Criação. O autor troca de lente para contar a mesma história, porém com outro propósito, ou seja, com outro foco. Esse relato começa em 2:4, com o seguinte título:

> Esta é a história das origens dos céus e da terra, no tempo em que foram criados.

Como no relato anterior, Deus interfere no caos existente, trazendo ordem. Porém, de forma diferente da narrativa anterior, em que havia "águas" em desordem, notamos na segunda narrativa falta de água. Tanto o excesso como a falta de água não possibilitam a vida. É preciso haver equilíbrio.

> ... ainda não tinha brotado nenhum arbusto no campo, e *nenhuma planta havia germinado*, porque o Senhor Deus ainda *não tinha feito chover* sobre a terra, e também não havia homem para cultivar o solo (2:5).

Deus faz brotar uma fonte de água viva, e do barro faz o homem e, dele, a mulher:

> Todavia *brotava água da terra* e irrigava toda a superfície do solo. Então o Senhor *Deus formou o homem do pó da terra e soprou* em suas narinas o fôlego de vida, e o homem se tornou um ser vivente. [...] Então o Senhor Deus fez o homem cair em profundo sono e, enquanto este dormia, *tirou-lhe uma das costelas*, fechando o lugar com carne. Com a costela que havia tirado do homem, *o* Senhor *Deus fez uma mulher* (2:6,7,21,22).

O segundo relato também menciona quatro grandes rios que brotaram dessa fonte. Por mais que sejam rios reais, sua menção nesse texto é mais simbólica — a ideia do Éden como lugar central na criação e que gera vida para toda a terra — do que literal:

> No Éden nascia um rio que irrigava o jardim, e depois se dividia em quatro (2:10).

É perceptível que os dois relatos da Criação têm focos diferentes. Não se trata de uma contradição, mas de narrativas que se complementam, para que o entendimento do leitor fique mais claro.

(Se você quiser aprofundar-se na diferença entre esses dois relatos, pergunte-se por que na primeira narrativa o ser humano é feito por último, coroando toda a criação, enquanto na segunda narrativa ele é o primeiro a ser feito, como a base da criação.)

VISÃO MULTIFOCAL NO EVANGELHO DE JOÃO

Nas duas narrativas da Criação em Gênesis, vemos a visão multifocal do autor bíblico narrando a mesma cena a partir de dois pontos de vista diferentes. Em João, vemos o mesmo episódio — a Criação — compreendendo Jesus como a revelação final do mosaico bíblico.

Vejamos os paralelos que João estabelece com a primeira narrativa da Criação:

> *No princípio* era aquele que é a *Palavra*. Ele estava com Deus, e era Deus. Ela estava com Deus no princípio. Todas as coisas foram feitas por intermédio dele; sem ele, nada do que existe teria sido feito. Nele estava a vida, e esta era *a luz dos homens. A luz brilha nas trevas*, e as trevas não a derrotaram (João 1:1-5).

> *No princípio* Deus criou os céus e a terra. Era a terra sem forma e vazia; *trevas cobriam a face do abismo,* e o Espírito de Deus se movia sobra a face das águas. *Disse* Deus: "Haja luz", *e houve luz.* Deus viu que a luz era boa, e separou *a luz das trevas* (Gênesis 1:1-4).

Embora o Evangelho de João tenha sido escrito em grego, e Gênesis, em hebraico, vemos que as frases e os conceitos se repetem de maneira muito evidente. A mente desse autor bíblico, que ouviu o relato de Gênesis centenas de vezes, demonstrou conhecimento da revelação plena ao repetir a história da criação apresentando Jesus como "a Palavra" — a mesma que em Gênesis disse "Haja", contendo o caos e executando a criação. Diferentemente de outros relatos da Antiguidade sobre a criação, que remetem a um ambiente de guerra ou decorrem de um conflito cósmico, na narrativa judaico-cristã Deus simplesmente fala e o caos se dissolve. Isso é maravilhoso!

Um pouco mais adiante, João traça outro paralelo, dessa vez com o Êxodo, especificamente no momento em que Deus se manifesta de forma plena no Tabernáculo:

> Aquele que é a *Palavra* tornou-se carne e *viveu* entre nós. Vimos a *sua glória*, glória como do *Unigênito* vindo do Pai, *cheio de graça e de verdade* (João 1:14).

> ... *a nuvem* cobriu a Tenda do Encontro, e *a glória de* SENHOR encheu o *Tabernáculo*. *Moisés* não podia entrar na Tenda do Encontro, porque *a nuvem* estava sobre ela, e *a glória do* SENHOR enchia o Tabernáculo (Êxodo 40:34,35).

O evangelista vincula a manifestação da glória de Deus, que se deu com a nuvem descendo no Tabernáculo, à pessoa de Jesus Cristo, que desceu, "tabernaculou" e manifestou a glória de Deus entre os homens. João, portanto, vincula a plena manifestação de Deus no Tabernáculo à pessoa de Jesus Cristo. No episódio de Êxodo, o Deus criador de todas as coisas se revelou na tenda da adoração. É esse o motivo para João registrar mais adiante a fala de Jesus, segundo a qual "os verdadeiros adoradores adorarão o Pai em espírito e em verdade" (João 4:23), porque a manifestação da glória de Deus, antecipada no Tabernáculo, já aconteceu em Jesus Cristo.

As histórias da Criação e da manifestação da glória de Deus no Tabernáculo já estavam registradas havia séculos. João, porém, as recontou com novas lentes, atribuindo outro significado a elas. Ele montou o mosaico usando as mesmas peças, mas posicionando-as em lugares diferentes.

VISÃO MULTIFOCAL NO APOCALIPSE

O apóstolo João também usa lentes diferentes em Apocalipse para registrar, dessa vez, eventos que correm em paralelo: são os episódios dos sete selos (Apocalipse 6); das sete trombetas (Apocalipse 8) e das sete taças (Apocalipse 16). Talvez por desconhecer as regras interpretativas, alguns cometem o erro de analisar essa narrativa de forma linear, supondo tratar-se de eventos que se sucedem e, assim, alteram a mensagem do autor. No entanto, ao escolher três símbolos de justiça e juízo, João nos fala de julgamentos que ocorrem *simultaneamente*; com a repetição, ele evidencia a intensificação do juízo divino.

No capítulo 6, o símbolo utilizado são os selos. Quando são abertos, revela-se o que acontece no mundo espiritual até a vinda de Cristo. João relata que viu "na mão direita daquele que está assentado no trono um livro em forma de rolo, escrito de ambos os lados e selado com sete selos" (5:1). Então, um "anjo poderoso" pergunta: "Quem é digno de romper os selos e de abrir o livro?" (5:2). Selos só poderiam ser rompidos por reis ou pessoas próximas a eles; portanto, a pergunta do anjo mostra a importância do símbolo.

No capítulo 8, João relata ter visto "os sete anjos que se acham em pé diante de Deus; a eles foram dadas sete trombetas" (v. 2). A imagem de trombetas está relacionada à guerra, por isso se tem o relato de batalhas no capítulo 9.

Por fim, no capítulo 16, João fala de "uma forte voz que vinha do santuário e dizia aos sete anjos: 'Vão derramar sobre a terra as sete taças da ira de Deus'" (v. 1). Essas taças, como diz o texto, simbolizam a ira de Deus.

Os sete movimentos são repetitivos, apresentados, porém, de ângulos diferentes. A cada narrativa paralela, são reveladas coisas novas, com o propósito de ampliar o conhecimento do leitor.

Há ainda em Apocalipse um paralelo com um aspecto da Criação. O apóstolo relata que os três espíritos imundos que saíram da *boca* da trindade maligna — o dragão, a besta e o falso profeta (Apocalipse 16:13) — reúnem os reis em um lugar chamado Armagedom, "para a batalha do grande dia do Deus todo-poderoso" (v. 14). Merrill Frederick Unger explica essa batalha:

> Esses demônios são o meio enganador de persuadir as nações a se reunirem para a suprema insensatez do Armagedom — a luta insana do homem contra Deus e a soberania de Cristo na terra. Armagedom, "monte de Megido", e antigo campo de batalha e local de vários combates decisivos na história de Israel [...]. Essa batalha decide a questão governamental da soberania sobre a terra.[33]

No final dos tempos, Deus declara que os inimigos de Cristo estão derrotados. Mais uma vez, como em Gênesis, a Palavra é suficiente para trazer a paz e impor ordem ao caos. Este é o paralelo que vemos em João: paz, Palavra, criação. Essa Palavra estava no início da Criação, e mais tarde encarnou. No fim, ela restaurará a ordem ao mundo caído. Essa Palavra é Jesus, o Príncipe da Paz.

---

[33]*Manual bíblico Unger* (São Paulo: Vida Nova, 2011), p. 694-5.

O PARALELISMO POÉTICO

13

A LÉM DAS NARRATIVAS, HÁ MUITA POESIA HEBRAICA NA Palavra de Deus, principalmente no Antigo Testamento. Assim como é útil ter uma compreensão da estrutura narrativa, a estrutura das passagens poéticas da Bíblia também deve ser conhecida, para haver uma interpretação correta.

A poesia bíblica é muito diferente da poesia dos dias de hoje. A civilização hebraica desenvolveu intensa percepção poética ao longo de sua história. Tão importante era a poesia que muitas narrativas foram elaboradas sobre uma estrutura poética. Vemos isso, por exemplo, nos primeiros capítulos de Gênesis, o que faz esse livro ser, ao mesmo tempo, poético e ter o formato de prosa.

Há alguns episódios bíblicos que foram narrados das duas formas, ou seja, em prosa e em versículos. É o caso da batalha entre Israel e Jabim, rei de Canaã. No capítulo 4 de Juízes, lemos o registro em prosa; e, no capítulo 5, Débora conta sua versão da história em um poema. Se compararmos os dois relatos do mesmo evento — o narrativo e o poético —, encontraremos algumas diferenças que se devem à linguagem indireta da poesia.

> O uso da poesia nos tempos antigos (como em nossos dias) indica que o escritor não tinha como principal finalidade os detalhes da descrição ou a precisão científica, e sim tocar as emoções e trazer à tona outro tipo de impressão. [...] Médicos não usam poesia para descrever os problemas de saúde do paciente, mas os namorados o fazem quando procuram expressar o seu amor um pelo outro. Os poetas bíblicos, frequentemente, usaram esta forma no louvor e na

adoração a Deus. Eles tinham em mente, porém, que os seus leitores interpretariam essa linguagem poética de acordo com as regras que a governam.[34]

O formato poético se manifesta de forma bem evidente nos livros de Salmos, Jó, Cântico dos Cânticos, Lamentações e em boa parte de Isaías, embora seja encontrado praticamente em todo o Antigo Testamento. A poesia não está ausente do Novo Testamento: vemos, por exemplo, os cânticos de Zacarias e Maria em Lucas 1; poemas exaltando Cristo nas cartas paulinas; e canções diversas no Apocalipse.

O PARALELISMO NA POESIA

Delinear a poesia na literatura hebraica é uma missão complexa. Ela não tem pontuação específica, métrica ou ritmo próprios, nem se destaca pela rima, como ocorre nas poesias do Ocidente. Sua característica mais marcante é a "rima" de ideias, ou seja, o *paralelismo*. Basicamente, o paralelismo apresenta duas ideias que se contrapõem ou se confirmam.

A falta de conhecimento do paralelismo dificultou, ao longo da história da igreja, a compreensão do Antigo Testamento e, por conseguinte, da mente dos autores bíblicos. Não podemos ter pressa para entender os paralelismos hebraicos. Se passarmos muito rápido por eles, perderemos de vista um grande tesouro. Ainda que não nos aprofundemos na análise da poesia judaica neste livro, uma compreensão básica do paralelismo lhe permitirá compreender a mente dos poetas bíblicos — uma ferramenta importante na tarefa de interpretação da Bíblia, uma vez que o paralelismo está em todas as Escrituras, e você frequentemente encontrará estruturas poéticas na leitura bíblica.

---

[34]Robert Stein, *Guia básico para a interpretação da Bíblia* (Rio de Janeiro: CPAD, 1999)p. 108.

Há vários tipos de paralelismo poético, porém quatro se destacam no texto bíblico. Compreendê-los é suficiente para fazer um ótimo progresso na interpretação bíblica. Embora sejam um recurso poético, esses tipos de paralelismo também podem ser encontrados nas narrativas, e são utilizados para fazer comparações, contrastes, complementos ou para formar uma sequência.

1. PARALELISMO DE ANALOGIA/SINONÍMICO

Nesse tipo de paralelismo, o autor aproxima duas ideias, de modo que as qualidades de uma sejam aplicadas à outra. Por exemplo:

> Pois *derramarei* água na terra sedenta,
>   e torrentes na terra seca;
> *derramarei* meu Espírito sobre sua prole,
>   e minha bênção sobre seus descendentes (Isaías 44:3).

Geralmente a analogia acontece entre elementos espirituais (invisíveis) e físicos (visíveis e palpáveis). Com a aproximação das duas ideias, os elementos espirituais se tornam mais compreensíveis, tomando os elementos físicos como exemplo.

2. PARALELISMO DE CONTRASTE/ANTITÉTICO

Nesse paralelismo, as palavras e imagens realizam o oposto do paralelismo de analogia: elas levam o leitor a refletir sobre as diferenças destacadas pelo contraste. Por exemplo:

> A *boca do justo* é fonte de vida,
> mas a *boca dos ímpios* abriga a violência (Provérbios 10:11).

Esse paralelismo é comum em Provérbios, e visa explicar melhor ou mostrar elementos novos em uma ideia, comparando-a a uma condição oposta.

3. PARALELISMO DE COMPLEMENTO

Nesse caso, de modo geral, a segunda parte do versículo completa a primeira, para assim realçar o ponto central da mensagem que se quer transmitir. Por exemplo:

> *Cantem de alegria ao* Senhor, vocês que são justos;
> aos que são retos *fica bem louvá-lo* (Salmos 33:1).

4. PARALELISMO DE SEQUÊNCIA

Aqui, os versículos não são estritamente paralelos, mas desenvolvem uma curta sequência narrativa, ampliando no versículo ou nos versículos seguintes a imagem apresentada no primeiro versículo. Por exemplo:

> Como é feliz aquele
> *que não segue o conselho* dos ímpios,
> *não imita a conduta* dos pecadores,
> *nem se assenta na roda* dos zombadores! (Salmos 1:1)

Há uma progressão da ideia inicial, que pode culminar, ao longo do texto, em uma consequência. No caso do salmo 1, o auge está no último versículo (que, aliás, é ele mesmo um paralelismo de contraste):

> Pois o Senhor aprova o caminho dos justos,
> mas o caminho dos ímpios leva à destruição! (v. 6)

O PARALELISMO NA PROSA

Como dissemos, o paralelismo também pode ser utilizado na narrativa em prosa. Esse é um recurso empregado pelos autores bíblicos para levar os leitores a entender melhor a mensagem central da história narrada. Esse recurso se vale dos mesmos princípios do paralelismo na poesia — a junção de duas ideias para aproximá-las, contrapô-las ou expandi-las —, mas faz isso ao longo da história, talvez de uma maneira não tão evidente quanto na poesia, na qual as ideias estão próximas, um versículo acima do outro.

Um exemplo é o episódio de restauração do apóstolo Pedro em relação à sua vocação. Lemos no Evangelho de Lucas seu chamado para ser "pescador de homens" depois de Jesus realizar o milagre da pesca maravilhosa.

> Tendo acabado de falar, [Jesus] disse a Simão: "Vá para onde as águas são mais fundas", e a todos: *"Lancem as redes para a pesca"*.
>
> Simão respondeu: "Mestre, esforçamo-nos a noite inteira *e não pegamos nada*. Mas, porque és tu quem está dizendo isto, vou lançar as redes".
>
> *Quando o fizeram, pegaram tal quantidade de peixes que as redes começaram a rasgar-se.* Então fizeram sinais a seus companheiros no outro barco, para que viessem ajudá-los; e eles vieram e encheram ambos os barcos, a ponto de começarem a afundar.
>
> Quando Simão Pedro viu isso, prostrou-se aos pés de Jesus e disse: "Afasta-te de mim, Senhor, porque sou um homem pecador!". Pois ele e todos os seus companheiros estavam perplexos com a pesca que haviam feito, como também Tiago e João, os filhos de Zebedeu, sócios de Simão.
>
> Jesus disse a Simão: "Não tenha medo; de agora em diante você será pescador de homens" (Lucas 5:4-10).

O Evangelho de João foi escrito muito tempo depois dos outros três Evangelhos — que, por serem muito similares em suas versões, são chamados sinóticos. O Quarto Evangelho segue outra proposta, e organizou os episódios da vida de Jesus de acordo com sua mensagem teológica. Assim, João narra o episódio da restauração de Pedro fazendo um paralelo com a história da grande pescaria relatada por Lucas. Os trechos em itálico a seguir evidenciam o paralelo.

"Vou pescar", disse-lhes Simão Pedro. E eles disseram: "Nós vamos com você". Eles foram e entraram no barco, mas *naquela noite não pegaram nada.*

Ao amanhecer, Jesus estava na praia, mas os discípulos não o reconheceram.

Ele lhes perguntou: "Filhos, vocês têm algo para comer?".

Eles responderam que não.

Ele disse: *"Lancem a rede do lado direito do barco e vocês encontrarão".* Eles a lançaram *e não conseguiam recolher a rede, tal era a quantidade de peixes.*

O discípulo a quem Jesus amava disse a Pedro: "É o Senhor!". Simão Pedro, ouvindo-o dizer isso, vestiu a capa, pois a havia tirado, e lançou-se ao mar (João 21:3-7).

Nas duas histórias, Pedro não pesca peixe algum. Jesus aponta o local onde eles devem lançar as redes. Pedro obedece e pesca uma quantidade tão grande de peixes que não consegue recolher a rede. Na narrativa de Lucas, esse episódio foi o que deu origem ao ministério de Pedro. Quando Pedro ficou maravilhado com o milagre, Jesus lhe disse: "Não tenha medo; de agora em diante você será pescador de homens" (Lucas 5:10). E é por causa dessa frase que devemos prestar atenção à contraposição das cenas. João está repetindo a estrutura da história, mas deixando para o final do Evangelho, quase indicando um recomeço para Pedro, depois de ter negado Jesus, dando sinais de que poderia "desistir "do ministério e voltar à antiga profissão.

Outro exemplo de paralelismo narrativo diz respeito à restauração de Pedro após ter negado Jesus.

Simão Pedro e outro discípulo estavam seguindo Jesus. Por ser conhecido do sumo sacerdote, este discípulo entrou com Jesus no pátio da casa do sumo sacerdote, mas Pedro teve que ficar esperando do lado de fora da porta. O outro discípulo, que era conhecido do sumo sacerdote, voltou, falou com a moça encarregada da porta e fez Pedro entrar.

Ela então perguntou a Pedro: "Você não é um dos discípulos desse homem?".

Ele respondeu: "*Não* sou".

Fazia frio; os servos e os guardas *estavam ao redor de uma fogueira* que haviam feito para se aquecer. Pedro também estava em pé com eles, aquecendo-se. [...]

Enquanto Simão Pedro estava se aquecendo, *perguntaram-lhe:* "Você não é um dos discípulos dele?".

Ele negou, dizendo: "*Não* sou".

Um dos servos do sumo sacerdote, parente do homem cuja orelha Pedro cortara, *insistiu:* "Eu não o vi com ele no olival?". *Mais uma vez Pedro negou, e no mesmo instante um galo cantou* (João 18:15-18,25-27).

Quando desembarcaram, *viram ali uma fogueira*, peixe sobre brasas, e um pouco de pão.

Depois de comerem, *Jesus perguntou a Simão Pedro:* "Simão, filho de João, você me ama mais do que estes?".

Disse ele: "*Sim*, Senhor, tu sabes que te amo".

Disse Jesus: "Cuide dos meus cordeiros".

Novamente Jesus disse: "Simão, filho de João, você me ama?"

Ele respondeu: "*Sim*, Senhor, tu sabes que te amo".

Disse Jesus: "Pastoreie as minhas ovelhas".

Pela terceira vez, ele lhe disse: "Simão, filho de João, você me ama?"

Pedro ficou magoado por Jesus lhe ter perguntado pela terceira vez "Você me ama?" e lhe disse: "Senhor, tu sabes todas as coisas e sabes que te amo".

Disse-lhe Jesus: "Cuide das minhas ovelhas. Digo-lhe a verdade: Quando você era mais jovem, vestia-se e ia para onde queria; mas, quando for velho, estenderá as mãos e outra pessoa o vestirá e o levará para onde você não deseja ir". Jesus disse isso para indicar o tipo de morte com a qual Pedro iria glorificar a Deus. *E então lhe disse: "Siga-me!"* (João 21:9,15-19).

Nas duas histórias, Pedro está em volta de uma fogueira e é confrontado três vezes com perguntas — no primeiro episódio, por pessoas que afirmavam que ele conhecia Jesus; no segundo, pelo próprio Jesus, que questiona se Pedro o ama. Pedro responde às seis perguntas, as três primeiras dizendo "Não", e as três últimas dizendo "Sim". Por fim, há um acontecimento marcante após a terceira resposta: o galo canta quando Pedro nega, e Jesus fala sobre o futuro de Pedro e o chama para segui-lo quando ele diz que o ama.

É uma história que repete em sua estrutura os elementos principais. O paralelismo tem o fim de ampliar o sentido do texto e, assim, compor o mosaico bíblico. Reparar na repetição nos auxilia a interpretar as palavras e a cena como um todo. As repetições nos ajudam a melhor entender a mente do autor.

OS HIPERLINKS DO TEXTO

14

Quando lemos um texto na internet, deparamos com palavras que podem ser clicadas, levando-nos a outra página que traz mais informações sobre o assunto. Isso é um hiperlink.

Infelizmente, não contamos com esse recurso na Bíblia, mas com o conceito de hiperlink sim. Os autores bíblicos também abrem novas "páginas" em seus textos. Nos escritos do Novo Testamento, os links são episódios do Antigo Testamento; e o Antigo Testamento cria links entre os textos mais novos e os mais antigos (como o Pentateuco [a Torá]). Ao lançarem mão desse recurso, os autores bíblicos esperavam que sua audiência soubesse do que estavam falando. Nós, que não somos os leitores originais do texto bíblico, e vivemos em outra época, temos de pesquisar o hiperlink para entender o que era automático para o público original.

Encontramos hiperlinks praticamente em todos os textos que lemos — livros, jornais, revistas, posts. Na Bíblia, porém, por conta de sua formação, eles são mais presentes e têm uma função importante. As Escrituras foram transmitidas entre gerações por meio de transmissão oral, liturgias cantadas, repetições e registros em pedras e papiros. Diferentemente de nós, que temos um espaço infinito em uma página da internet, os autores bíblicos contavam com um espaço limitado, fosse no suporte utilizado para fazer o registro escrito, fosse na capacidade de memorização. Essa escassez os obrigava a recorrer a hiperlinks, que era uma forma de comunicar mais usando menos palavras.

Além de remeter a outro texto, os hiperlinks bíblicos dão novo significado às referências que utilizam, facilitando o entendimento. Uma vez que a Bíblia é um livro para ser lido várias vezes, a cada vez descobrimos novos hiperlinks e ampliamos o entendimento de um trecho lido anteriormente com a leitura de um novo trecho.

Na Palavra de Deus, temos três tipos de hiperlinks, que apresentaremos a seguir: citação, alusão e eco.

TABELA 1

	CITAÇÃO	ALUSÃO	ECO
NÍVEL DE COMUNICAÇÃO	Explícita	Implícita	Sutil
COMPREENSÃO DO LEITOR	Presumida	Esperada	Desejada
TÉCNICA	Citação do texto-fonte	Palavras-chave do texto-fonte	Palavras-chave, imagens, temas do texto-fonte

CITAÇÃO

Citação pode ser definida como

> uma reprodução direta de uma passagem do AT facilmente identificável por seu paralelismo vocabular claro e bem característico. Muitas dessas citações são introduzidas por uma fórmula do tipo "para que se cumprisse o que o Senhor havia falado pelo profeta" (Mt 2:15, TA [tradução do autor]), "está escrito" (Rm 3:4), ou uma expressão semelhante. Outras passagens sem esses indicadores prévios apresentam paralelos tão óbvios com algum texto do AT que só podem se tratar de citação (p. ex., Gl 3:6; Ef 6:3)".[35]

A citação é uma repetição direta e explicitamente marcada de outro texto bíblico. Acredito que você já deparou muitas vezes com esse tipo de hiperlink ao ler a Bíblia. Nos Evangelhos, são comuns as citações da Bíblia hebraica, feitas geralmente para realçar o cumprimento de alguma profecia em relação a Jesus. Por exemplo:

---

[35]G. K. Beale, *Manual do uso do Antigo Testamento no Novo Testamento: exegese e interpretação* (São Paulo: Vida Nova, 2013), p. 53.

Jesus lhes disse [aos discípulos]: "Ainda esta noite todos vocês me abandonarão. Pois está escrito: 'Ferirei o pastor, e as ovelhas do rebanho serão dispersas'" (Mateus 26:31, citando Zacarias 13:7).

Também Paulo, em suas cartas, emprega esse recurso para indicar ao leitor de onde provêm suas referências. Por exemplo:

Está escrito: "Regozije-se, ó estéril, você que nunca teve um filho; grite de alegria, você que nunca esteve em trabalho de parto; porque mais são os filhos da mulher abandonada do que os daquela que tem marido (Gálatas 4:27, citando Isaías 54:1).

Sempre que um autor cita os textos antigos, cria-se uma janela que o leitor pode abrir para tentar compreender o sentido daquela referência.

É extremamente importante que nós, leitores modernos, saibamos a diferença entre uma citação moderna e uma citação bíblica. Na citação moderna, abrimos aspas e citamos literalmente o texto. O autor bíblico está mais interessado no contexto do que em fazer uma citação literal. Pelas limitações de espaço apresentadas acima, nem sempre ele fará a citação de um texto inteiro, mas apenas da parte central. No entanto, o que ele está, de fato, citando é todo o contexto literário daquele versículo mencionado. Além disso, como ele pressupunha que os leitores originais sabiam de cor o restante, não era necessário citar o contexto completo.

ALUSÃO

Definimos alusão como

uma expressão breve deliberadamente pretendida pelo autor para ser dependente de uma passagem do AT. Diferentemente de uma citação do AT, que é uma referência direta, a alusão é indireta (a redação do AT não é reproduzida diretamente como na citação).

> Alguns acreditam que a alusão deva consistir na reprodução da passagem do AT numa combinação singular de no mínimo três palavras. Talvez isso seja uma boa regra prática, contudo, ainda é possível que um número menor de palavras ou mesmo uma ideia seja uma alusão.[36]

Essa é uma forma não explícita de referência a outro texto, identificado apenas por palavras ou imagens conhecidas. Quando há uma alusão, o significado do texto não será plenamente compreendido se o leitor desconhecer a referência feita pelo autor.

Vimos, em capítulo anterior, a alusão que João faz a Gênesis no prólogo do seu Evangelho. O autor emprega frases semelhantes ao texto-fonte, porém não o cita de forma literal.

O apóstolo Paulo usa esse tipo de hiperlink em 1Coríntios 8:6: "Há um único Deus, o Pai, de quem vêm todas as coisas e para quem vivemos; e um de quem vieram todas as coisas e por meio de quem vivemos". Trata-se de uma ótima adaptação do *shemá* judaico, a oração diária dos israelitas: "Ouça, ó Israel: O SENHOR, o nosso Deus, é o único SENHOR" (Deuteronômio 6:4).

Em Hebreus, o autor fala do "herdeiro de todas as coisas" (1:2), fazendo alusão a Salmos 2:8: "Pede-me, e te darei as nações como herança e os confins da terra como tua propriedade". Ele se refere ao Messias exaltado à posição de Rei do universo, à direita de Deus.

ECO

O terceiro e último tipo de hiperlink é o eco. É uma técnica mais sutil, que pode envolver a inclusão de uma única frase, palavra ou imagem, com o fim de alertar o leitor para a referência a outro texto. O eco não tem a intenção de alterar o significado do texto-fonte, e sim de ampliar seu significado. O texto não deixa de ser inteligível para os leitores que não percebem o eco, mas os leitores originais, por reconhecê-lo,

---

[36]Beale, p. 55-6.

compreendiam o significado mais amplo do texto. Convém lembrar que, na cultura judaica, a cultura dos autores bíblicos, era costume repetir alguns elementos da história, porém sempre de forma sutil.

Diferentemente dos hiperlinks da citação e da alusão, o eco é menos evidente. Podemos ler um texto bíblico várias vezes para entendê-lo e conseguir interpretá-lo, e ainda assim não identificar a presença de eco na passagem. É o que acontece, por exemplo, na parábola do filho perdido (ou pródigo, em Lucas 15:11-32).

A parábola começa falando de dois filhos. Logo no início, já podemos nos perguntar em que lugar da Bíblia hebraica está registrada a história de um pai, um patriarca (e, como veremos mais adiante, na parábola, dois filhos que não se dão bem). Na verdade, é uma situação bem comum na Bíblia. O primeiro caso é de Adão e seus filhos, Caim e Abel. Mais adiante, vemos Abraão com Isaque e Ismael. O mesmo acontece com Isaque e os filhos Jacó e Esaú, que não tinham uma relação muito amigável. Pode-se dizer que esta é a história de Israel: um patriarca com dois filhos que não se entendem. Assim, quando Jesus começa a contar a parábola, ele está, na verdade, contando a história de Israel. Há esse eco na história e, para seus ouvintes, essa ideia estava muito clara.

Na sequência da história, o filho mais novo exige que o pai vivo lhe dê sua parte da herança, e o pai atende ao pedido. A ideia de dar e receber uma herança está presente em todo o Antigo Testamento, especialmente em relação ao filho mais novo. A oferta de Abel é aceita, enquanto Caim é rejeitado. Isaque é o filho da promessa, e não Ismael. Jacó compra o direito de primogenitura do irmão mais velho e recebe a bênção em seu lugar. Vemos constantemente o filho mais novo dos patriarcas recebendo uma herança e usufruindo dela, enquanto o irmão mais velho se sente injustiçado.

No entanto, de volta à parábola, o filho mais novo gastou toda a herança. Sua situação era tão deplorável que ele se alimentava da comida dos porcos. Encontramos mais um eco nesse trecho. Vemos muitas vezes os patriarcas, por causa da fome, migrando para uma terra estrangeira: Abraão, que foi morar no Egito (Gênesis 12:10); Isaque, que foi para Gerar, terra dos filisteus (Gênesis 26:1); Jacó e seus filhos, que também se mudaram para o Egito por causa da fome.

Quando volta para a casa do pai, depois de gastar toda a herança, o filho mais novo repete duas vezes a ideia de não ser mais digno de ser chamado filho (Lucas 15:19,21) e pede que seja tratado como um dos servos. Sempre que deparamos com uma frase repetida em um texto, temos de redobrar a atenção: essa repetição provavelmente contém um hiperlink. O autor quer deixar clara alguma ideia. A repetição de que o filho pródigo não se considera mais digno de ser chamado filho e sugere trabalhar como um dos servos do pai é uma alusão ao livro de Êxodo, no qual Deus manda Moises dizer a Faraó que Israel é seu filho primogênito (Êxodo 4:22) e por isso não deveria ser servo de ninguém, exceto do Deus verdadeiro.

Ao fim da parábola, o jovem volta para casa, ecoando o desejo dos judeus exilados de retornar à Terra Prometida. Quando o filho da parábola retorna, o pai o beija e, além disso, providencia-lhe roupas novas e acessórios. Essa é uma referência a José, que recebeu uma roupa especial de seu pai, deixando seus irmãos mais velhos com inveja dele (Gênesis 37:3,4). Na parábola, o irmão mais velho também sente inveja do mais novo, e confronta o pai.

Entre outros ecos nessa parábola — a palavra "festa", que é repetida três vezes; e a referência ao "novilho gordo", que remete à cerimônia de consagração de Arão e seus filhos como sacerdotes, e também ao sacrifício oferecido em nome do povo, para a expiação dos pecados —, o pai repete duas vezes ao filho mais velho esta frase: "Estava morto e voltou à vida" (Lucas 15:24,32). Aqui temos uma exposição mais clara do eco. Além de se referir a José, a quem seu pai, Jacó, já considerava morto, e que trouxe nova vida ao pai quando reapareceu, essa frase também revela o que acontecerá com os filhos de Deus. Isso é lindo!

A LINGUAGEM INDIRETA DO TEXTO BÍBLICO

15

Q UANDO ALGUÉM TEM DE SER DEMITIDO, E O PATRÃO NÃO QUER ser rude ou prefere não ir direto ao ponto, reconta a história da pessoa, analisa seus pontos altos e suas qualidades. Em vez de usar linguagem direta e comunicar sua verdadeira intenção, ele cria um cenário antes de revelar o motivo da conversa.

Em geral, não gostamos dessa "enrolação". Como ocidentais, pessoas que têm um raciocínio científico, queremos a verdade exposta de uma só vez, numa linguagem sem rodeios. Esperamos a mesma objetividade da Bíblia, porém as Escrituras, em muitos casos, usam a linguagem indireta. Isso pode confundir e, às vezes, frustrar os leitores ocidentais modernos.

A linguagem indireta usa metáforas, histórias, exemplos, entre outros recursos literários, para transmitir uma ideia em vez de apresentá-la (como diz o nome) diretamente. Usando a linguagem indireta, o autor consegue guiar a compreensão dos ouvintes pelo caminho e ao propósito que ele tenciona.

Jesus fazia muito uso da linguagem indireta; no exercício de seu ministério de ensino, as parábolas foram um recurso didático bastante utilizado. O Evangelho de Marcos registra: "Com muitas parábolas [...] Jesus lhes anunciava a palavra, tanto quanto podiam receber. Não lhes dizia nada sem usar alguma parábola" (Marcos 4:33-34).

O ensino por parábola era tão marcante no ministério de Jesus que, certo dia, os discípulos perguntaram: "Por que falas ao povo por parábolas?". E a resposta de Jesus foi: "A vocês foi dado o conhecimento dos mistérios do Reino dos céus, mas a eles, não. [...] Por essa razão eu lhes falo por parábolas: 'Porque, vendo, eles não veem e, ouvindo, não ouvem nem entendem'" (Mateus 13:10,11,13; cf. Isaías 6:9). Ou seja, quem não tivesse paciência ou fosse arrogante não estaria à altura de seu ensino.

A palavra "parábola" provém do grego *para* ("ao lado", "junto a") e *ballein* ("lançar"). Consiste em colocar uma situação ao lado de outra, para efeito de comparação, quando se pretende ilustrar uma verdade moral ou espiritual por meio de uma experiência comum. Em suma, é uma história baseada em fatos do cotidiano que tem o propósito de ilustrar ou esclarecer uma verdade. A analogia entre a história e a situação que os ouvintes encontram no dia a dia acaba por levá-los a pensar.

USOS DA LINGUAGEM INDIRETA NAS ESCRITURAS

Adele Berlin, hebraísta americana, compara a linguagem indireta das Escrituras e a linguagem direta ocidental a movimentos artísticos.[37] A *Mona Lisa*, de Da Vinci, por exemplo, é uma pintura tão real que parece uma fotografia. Para Adele, os textos modernos, como os grandes romances ocidentais, são como a Mona Lisa: um retrato muito colado à realidade.

Se observarmos, por outro lado, uma obra de Vincent van Gogh, constataremos que, por mais que seja uma pintura de algo real, não se trata de uma representação exata desse mundo, seja por agregar técnicas diferentes, seja por representar os sentimentos pela realidade objetiva. Segundo Adele, esse tipo de pintura que se descola da realidade representada se identifica com a narrativa bíblica antiga.

---

[37]*Poetics and interpretation of biblical narrative* (Winona Lake: Eisenbrauns, 1994).

FIGURAS 5 E 6

NARRATIVA MODERNA
RENASCENTISMO

NARRATIVA HEBRAICA
PÓS-IMPRESSIONISMO

Leonardo Da Vinci
Mona Lisa, 1517

Vincent Van Gogh
Autorretrato, 1889

Assim como van Gogh não negava a realidade quando interferia em alguns elementos ao pintar suas telas, os autores bíblicos também não a negam nos enfoques que dão em suas histórias. Esses detalhes apontam para algo importante que o autor deseja ressaltar.

Quando lemos, por exemplo, que o corpo de Esaú "era como um manto de pelos" (Gênesis 25:25), e que ele era um "caçador habilidoso e vivia percorrendo os campos" (v. 27), temos uma visão geral de Esaú como um homem de instinto selvagem. Outro autor nos informa que o sacerdote Eli "tinha noventa e oito anos de idade e seus olhos estavam imóveis; ele já não conseguia enxergar" (1Samuel 4:15). Na narrativa, ele também era "cego" com relação à conduta deplorável dos filhos, que "eram ímpios; não se importavam com o SENHOR, nem cumpriam os deveres de sacerdotes para com o povo" (1Samuel 2:12,13). Em outro momento, Davi é apresentado como alguém "que era só um rapaz" (1Samuel 17:33), enquanto Saul era um "jovem de boa aparência, sem igual entre os israelitas; os mais altos batiam nos seus ombros" (1Samuel 9:2). Essa apresentação reflete também o caráter de ambos: Saul se impôs; Davi permitiu que Deus o exaltasse.

Há diversos detalhes nos textos bíblicos que nos revelam de forma indireta características sobre as pessoas ou situações. Vamos atentar para alguns deles.

NOMES

Os nomes são muito importantes na Bíblia, podendo indicar a função das pessoas em uma narrativa, revelando detalhes de seu caráter ou algo a respeito das circunstâncias de seu nascimento. Como exemplo, temos Saul (que significa "o desejado"), que foi o primeiro rei de Israel, escolhido por Deus para atender aos pedidos do povo de ter "um rei para que nos lidere, à semelhança das outras nações" (1Samuel 8:5); Abrão ("pai exaltado") teve o nome mudado para Abraão ("pai de uma multidão") porque Deus o constituiu "pai de muitas nações" (Gênesis 17:5); Israel, o antigo Jacó que sempre esteve à procura da bênção de Deus, significa "o que luta com Deus"; Adão significa "homem", "humanidade"; Elias quer dizer "YAHWEH é meu Deus", um aviso de que o povo de Deus não deveria adorar outros deuses.

Os nomes também são relevantes no Novo Testamento, embora o tópico seja menos frequente. Jesus disse a Pedro, depois de ele reconhecê-lo como o Messias: "Eu digo que você é *Pedro*, e sobre esta *pedra* edificarei a minha igreja" (Mateus 16:18). Há aqui um jogo de palavras, pois Pedro significa "pedrinha", enquanto Cristo é a "pedra", a rocha sobre a qual está edificada a igreja.[38]

Outro caso interessante envolvendo nomes no Novo Testamento é o de Saulo, conhecido posteriormente como Paulo. À parte a questão de "Paulo" ser a tradução de "Saulo", fato é que o apóstolo não usa

---

[38]Russell Norman Champlin, *O Novo Testamento interpretado: versículo por versículo* (São Paulo: Milenium, 1983), vol. 1, p. 445.

o nome do primeiro rei de Israel para se identificar como Paulo ("homem pequeno"), "o menor dos apóstolos" (1Coríntios 15:9).

Uma das promessas de Cristo aos vencedores é a de que lhes dará "uma pedra branca com um *novo nome* nela inscrito, conhecido apenas por aquele que o recebe" (Apocalipse 2:17).

> O "novo nome" é o nome que se ganha com as vitórias da fé. Os nomes na Bíblia são símbolos de caráter. Assim, Cristo dá aos vencedores na batalha da fé não só a pedra branca de admissão aos lugares celestiais de homenagem, mas também um nome novo, isto é, um novo caráter que não poderiam ganhar, exceto no combate da fé. Este é o nome que se ganha na luta pessoal ("conhecido apenas por aquele que o recebe"). É um verdadeiro nome próprio. Ele promete estar ao nosso lado nas lutas pessoais.[39]

DESCRIÇÕES SEM JULGAMENTO MORAL

Os autores bíblicos, ao contar as histórias, não costumam julgar o caráter dos personagens. Por exemplo, no caso de Davi com Bate-Seba (2Samuel 11), o autor bíblico não diz: "O rei Davi cometeu um grande pecado". Em vez disso, ele se limita a relatar todas as ações de Davi, sem omitir nenhum ato reprovável — e foram vários:

- "Davi mandou que a trouxessem e se deitou com ela" (v. 4), embora soubesse que Bate-Seba era esposa de um de seus soldados.
- "Davi mandou esta mensagem a Joabe: 'Envie-me Urias, o hitita'" (v. 6) e "Davi o convidou [Urias] para comer e beber e o embriagou" (v. 13), com o objetivo de fazer Urias dormir

---

[39]*Bíblia Nova Reforma: edição de estudos e referência* (São Paulo: Vida, 2007), p. 2035.

com Bate-Seba, para não despertar suspeitas quanto à gravidez.

- "Davi enviou uma carta a Joabe por meio de Urias. Nela escreveu: 'Ponha Urias na linha de frente e deixe-o onde o combate estiver mais violento, para que seja ferido e morra'" (v. 14,15). O rei mandou a ordem de morte pelas próprias mãos de Urias, depois que seus planos de fazê-lo ter relações com a esposa não deram certo.

No final do capítulo, o autor observa que "o que Davi fez desagradou ao SENHOR" (v. 27), sem explicar o porquê. A interpretação dos fatos e o juízo de caráter ficam a cargo do leitor, convidando-o à meditação. O texto não entrega ao leitor a análise do conflito, desafiando-o a ler várias vezes e captar as pistas deixadas para depois interpretar o texto.

Outros exemplos são: quando a oferta de Abel é aceita pelo Senhor, e a de Caim é rejeitada (Gênesis 4:3-5); quando Abraão oferece Sara, sua esposa, a Abimeleque (Gênesis 20:2); quando Moisés mata um egípcio (Êxodo 2:11,12); quando Salomão assume o trono e executa diversos opositores de seu pai (1Reis 2:26-46).

CANÇÕES

As narrativas bíblicas, vez ou outra, são pontuadas por pausas musicais, nas quais um poema resume o que aconteceu em uma passagem anterior ou apresenta o que acontecerá nos versículos seguintes. Ignorar essas canções é não acessar o coração do autor bíblico, pois elas apontam o rumo que a história tomará.

Alguns exemplos de canções inseridas na narrativa são: a profecia de Jacó, ao reunir os filhos antes da sua morte (Gênesis 49); os cânticos de Moisés e Miriã, após a travessia do mar Vermelho (Êxodo 15:1-21); a profecia de Moisés, antes de o povo entrar na Terra Prometida (Deuteronômio 32:1-43); o cântico de Débora e Baraque, após a vitória dos israelitas sobre o rei de Canaã (Juízes 5);

o cântico de Ana, ao dedicar Samuel ao Senhor (1Samuel 2:1-10); as últimas palavras de Davi (2Samuel 23:1-7); o cântico de Maria, na visita a Isabel (Lucas 1:46-55); o cântico de Zacarias, quando nomeou seu filho (Lucas 1:68-79)

Na próxima vez que você encontrar uma canção em meio a uma narrativa, releia e reflita nela durante alguns dias. As canções bíblicas contêm tesouros que só podem ser encontrados com pausa e meditação.

IDENTIFICAÇÃO DE LUGARES

Os autores bíblicos também são criteriosos quanto ao lugar em que as ações se desenrolam. Alguns locais assumem significado simbólico, com base nos eventos que se passaram ali.

Em Gênesis, a identificação dos lugares mostra o rastro do pecado partindo do jardim do Éden e chegando à Babilônia, local associado, em toda a Escritura, ao centro da oposição a Deus e a seu povo:

- Após pecarem, Adão e Eva foram banidos, e o Senhor "colocou *a leste do jardim do Éden* querubins e uma espada flamejante que se movia (Gênesis 3:24).
- Caim, após matar Abel, "foi viver na terra de Node, a leste do Éden" (Gênesis 4:16).
- Após o Dilúvio, os homens, "ao migrarem do leste, encontraram uma planície na terra da Babilônia, onde se estabeleceram e construíram a torre de Babel (Gênesis 11:2, NVT).

Não só a Babilônia, como também espaços sem nome, como "deserto" e "jardim", ou locais conhecidos como Egito, Jerusalém e Belém, ganham significados que transcendem o espaço geográfico. O deserto, por exemplo, é associado a provas ou dificuldades. O Egito simboliza o mundo sem Deus, no qual tudo vai sendo "descriado" até alcançar o caos, o inverso da criação.

NUMERAIS

Os numerais, embora pareçam precisos, na Bíblia estão vinculados a uma linguagem indireta e simbólica. Em alguns casos, são arredondados para comunicar uma mensagem e estabelecer o paralelismo entre situações. Para nós, isso pode ser difícil de entender, pois estamos acostumados a exatidão matemática, estatísticas, tabelas e percentuais. Sem dúvida, há ocasiões em que, na Bíblia, alguns numerais são usados com exatidão, mas certos números dizem mais do que a quantidade de algo. Vejamos alguns exemplos:

NÚMERO 3

Esse número é geralmente usado para dar ênfase a um teste ou a uma decisão rodeada de morte. Quando Deus pede a Abraão para sacrificar Isaque, a tensão se estende por três dias (Gênesis 22:4); Simão e Levi, filhos de Jacó, mataram todos os que haviam desonrado sua irmã três dias depois do evento (Gênesis 34:25); José previu que o destino do copeiro e do padeiro seria definido em três dias (Gênesis 40:12,13,18,19,20); José deixou os irmãos presos por três dias (Gênesis 42:18); depois de sair do Egito, Israel caminhou por três dias sem encontrar água (Êxodo 15:22); Israel se preparou por três dias antes de o Senhor descer ao monte Sinai (Êxodo 19:11); Jesus foi provado três vezes no deserto (Mateus 4:1-11) e ficou "três dias e três noites no coração da terra", como Jonas (Mateus 12:40).

NÚMERO 4

Esse número representa, em geral, completude terrena. As fontes dos rios do Éden eram quatro (Gênesis 2:10); Deus diz que sua promessa a Abraão se cumprirá na quarta geração (Gênesis 15:16); Deus prometeu a Jeú que seus filhos reinariam por quatro gerações (2Reis 10:30); Ezequiel profetizou que o fim virá dos quatro cantos da terra (Ezequiel 7:2) e teve uma visão com quatro seres viventes em Ezequiel (Ezequiel 1:5); Daniel teve uma visão com quatro animais e quatro ventos agitando a terra (Daniel 7:1-6); são quatro os anjos responsáveis pelo juízo completo (Apocalipse 7:1).

NÚMERO 7

Esse número (a soma de 4 + 3) representa a completude de Deus e aponta para o máximo da perfeição. Como a palavra hebraica *shevá*, dependendo do contexto, pode ser traduzida por "sete", "setenta", "setecentos", "dezessete", "sete vezes sete", "setenta vezes sete", há centenas de exemplos do uso do número sete e de seus múltiplos na Bíblia. A Criação acontece em sete dias, e o sétimo dia é o dia do Senhor, o dia do descanso (Gênesis 2:2-3); Deus repete sete vezes que "era bom" o que havia criado; na arca de Noé havia sete pares de cada animal puro (Gênesis 7:2); sete festas anuais são determinadas em Levítico, e a festa de Pentecoste ocorre sete semanas após a Páscoa (Levítico 23:15); o Ano do Jubileu acontece no ano após sete vezes sete anos (Levítico 25); Jesus manda perdoar "setenta vezes sete" (Mateus 18:21-22).

NÚMERO 12

Esse número também é usado como símbolo de completude (provavelmente pelo resultado de 4 x 3). Há doze tribos em Israel (Gênesis 49:28); doze tribos descendentes de Ismael (Gênesis 17:20); doze fontes de água encontradas no deserto (Êxodo 15:27); doze colunas no altar erguido por Moisés (Êxodo 24:4); doze apóstolos (Lucas 6:13); doze cestos com sobras na multiplicação dos pães (Marcos 8:19); doze legiões de anjos (Mateus 26:53); vinte e quatro (2 x 12) anciãos ao redor do trono de Deus (Apocalipse 4:4); os 144 mil (12 x 12 x 1.000) selados (Apocalipse 7:4); as doze portas e os doze fundamentos da nova Jerusalém (Apocalipse 21:12-14).

NÚMERO 40

Esse número representa um período de provação que sempre resulta em mudança radical. Durante o Dilúvio, choveu por quarenta dias e quarenta noites (Gênesis 7:4,12); Isaque e Esaú se casaram aos 40 anos (Gênesis 25:20; 26:34); Calebe, quando foi espionar a terra, tinha 40 anos (Josué 14:7); os espiões passaram quarenta dias na Terra Prometida (Números 13:25); Moisés passou quarenta dias e quarenta noites no monte (Êxodo 24:18); quarenta anos foi o tempo da peregrinação pelo deserto (Deuteronômio 8:2); Jesus jejuou por quarenta dias antes de iniciar seu ministério (Mateus 4:2); ele ensinou os discípulos durante quarenta dias antes de sua ascensão aos céus (Atos 1:3).

UMA RESSALVA IMPORTANTE

A linguagem indireta serve para a meditação do leitor. Os números não têm significado místico, nem os nomes bíblicos carregam bênção ou maldição em si mesmos. Os exemplos citados visam fornecer uma ferramenta para ajudá-lo a ampliar sua interpretação bíblica. Também mostram a consciência dos autores bíblicos em sua composição, valendo-se de recursos literários para compor com arte o grande mosaico das Escrituras.

NOVOS TEXTOS EM VELHAS MOLDURAS

16

QUANDO MEUS FILHOS ERAM PEQUENOS, EU CONTAVA NOVAS histórias todas as noites. Já lhes havia contado praticamente todas as histórias bíblicas, e eles gostavam das histórias de super--heróis que eu criava. Depois de um tempo, quando já havia criado muitas histórias, comecei a contar histórias novas, que eram criadas usando sempre a mesma estrutura: os heróis passavam por uma dificuldade, lidavam com o problema no clímax da narrativa e depois eles voltavam para casa — para dormir nos braços dos pais, que também lhes contavam uma história. Meu filho começou a perceber esse padrão. Assim, toda vez que o final de uma história se aproximava, ele virava para mim e já dizia o que aconteceria em seguida.

Com o texto bíblico, aconteceu algo semelhante, porém muito mais sofisticado. O processo de transmissão das histórias bíblicas foi muito mais longo que a hora de dormir dos meus filhos, e elas eram transmitidas oralmente de pai para filho, por gerações, antes de serem registradas em língua escrita. Essa prática não anula a fidelidade das histórias bíblicas, pois era a maneira corrente de manter a memória dos fatos ao longo das gerações.

Com o tempo, novas histórias passaram a ser contadas com base em molduras antigas, já conhecidas dos ouvintes. Hoje, cabe a nós identificar quais são essas molduras que se repetem nas Escrituras. Dessa forma, entenderemos melhor a linha de pensamento dos autores bíblicos e, com isso, leremos a Bíblia com outros olhos. Teremos uma compreensão mais ampla da Palavra como um todo e, mesmo que identifiquemos um padrão, nunca deixaremos de nos surpreender, pois a Palavra de Deus é viva.

Analisaremos a seguir duas molduras que se repetem nas narrativas bíblicas: a escolha diante de uma prova e a intercessão.

MOLDURA 1: ESCOLHA DIANTE DE UMA PROVA

A primeira história desse tipo é a de Adão e Eva, após o encontro com a serpente: eles devem obedecer a Deus ou seguir por conta própria? O Criador dissera ao homem: "Coma livremente de qualquer árvore do jardim, mas não coma da árvore do conhecimento do bem e do mal, porque, no dia em que dela comer, certamente você morrerá" (Gênesis 2:16). Mas a serpente (falante!) insiste em que o casal coma do fruto proibido por Deus. A mulher olha para o fruto e o cobiça. Em seguida, ela toma o fruto e o oferece ao marido, e ambos o comem. Por causa da desobediência, os dois se tornam pecadores.

Mais adiante, no mesmo livro, Caim e Abel apresentam uma oferta a Deus. A oferta de Abel é aceita, mas a de seu irmão é rejeitada. Transtornado pela rejeição, Caim tem duas opções. A primeira é ouvir a Deus, que o adverte: "Se você fizer o bem, não será aceito? Mas, se não o fizer, saiba que o pecado o ameaça à porta; ele deseja conquistá-lo, mas você deve dominá-lo" (Gênesis 4:7). A segunda opção é agir impelido pela fúria e, assim, sujeitar-se a ser devorado pelo pecado. Caim mata o irmão.

Abrão e Sara, o novo casal escolhido no lugar de Adão e Eva para abençoar as nações, reeberam de Deus a promessa de que deles viria uma grande nação (Gênesis 12:2-3). Sara, porém, incapaz de gerar, oferece sua serva Hagar ao marido para ter descendência (Gênesis 16:1-4). Nasce Ismael, que é banido da casa, e seus descendentes "viveram em hostilidade contra todos os seus irmãos" (Gênesis 25:18).

Repare que a história da Queda no Éden funciona como moldura para se referir a novos fracassos. Por todo o Antigo Testamento, nós vemos os escolhidos por Deus serem testados em uma escolha e fracassarem repetidas vezes.

No Novo Testamento, Jesus é submetido a vários testes. No primeiro, o Espírito leva-o para o deserto, onde ele é tentado três vezes e vence as tentações. No último, no jardim cheio de árvores do Getsêmani, vemos um novo quadro desenhado na velha moldura do jardim do Éden: escolher a vida ou o mal. Jesus orou: "Meu Pai, se for possível, afasta de mim este cálice; contudo, não seja como eu quero, mas, sim, como tu queres" (Mateus 26:39). Jesus se submeteu à vontade do Pai. E, ao contrário do primeiro Adão, ele escolheu a verdadeira "árvore da vida". O drama do jardim do Getsêmani foi elaborado sobre a antiga moldura da Queda, ocorrida em outro jardim, o Éden.

MOLDURA 2: INTERCESSÃO

Abraão, ao saber que Deus pretendia destruir Sodoma com todos os seus habitantes, pergunta se o Senhor ainda destruiria a cidade se nela houvesse cinquenta justos. Deus responde que não. O patriarca insiste: "Sei que já fui muito ousado a ponto de falar ao Senhor, eu que não passo de pó e cinza. Ainda assim pergunto: E se faltarem cinco para completar os cinquenta justos? Destruirás a cidade por causa dos cinco?". A resposta de Deus foi: "Se encontrar ali quarenta e cinco, não a destruirei" (Gênesis 19:27-28). Abraão continuou perguntando, sempre diminuindo o número, até chegar aos dez justos. E Deus lhe deu a mesma resposta em todos os casos. Deus, de forma indireta, estava convidando Abraão a ser o intercessor daquele povo.

A cena se repete no deserto. Moisés desce do monte Sinai, depois de ter recebido os Dez Mandamentos, e vê o povo adorando um bezerro de ouro. Então, Deus diz a Moisés: "Tenho visto que este povo é um povo obstinado. Deixe-me agora, para que a minha ira se acenda contra eles, e eu os destrua. Depois farei de você uma grande nação" (Êxodo 32:9-10). Na verdade, Deus está testando Moisés para ver se ele agirá como intercessor do povo. Moisés assume o papel, e vai além: declara que Deus poderia riscar seu nome do Livro da Vida caso não perdoasse o povo. A intercessão de Moisés deixou Deus satisfeito.

Sobre essa antiga moldura, o evangelista João encaixou a cena da intercessão de Jesus pelos discípulos: "Eu rogo por eles. Não estou rogando pelo mundo, mas por aqueles que me deste, pois são teus"

(João 17:9). Ele não só intercedeu pelos seus da mesma forma que Abraão intercedera por Sodoma e Moisés pelo povo de Israel, como também morreu no lugar deles. A oração sacerdotal já tinha pronta uma moldura, elaborada por Abraão e Moisés.

AS LACUNAS

Cada moldura, porém, tem suas lacunas. Dependendo da história, ela pode estar mais para o centro da moldura ou mais afastada. Muitas vezes, perdemo-nos na interpretação por nos concentrarmos nas lacunas da narrativa, e não na moldura.

Na história de Caim e Abel, por exemplo, talvez dediquemos muito tempo tentando descobrir o motivo de Deus ter aceitado apenas a oferta de Abel. E, assim, acabamos nos desviando do tema central da história. O clímax, a parte principal, é a decisão de Caim. Com isso, não quero dizer que não podemos fazer perguntas desse tipo. Contudo, precisamos ter em mente que o autor não está escrevendo para responder a essas perguntas, mas para enfatizar um padrão que se repete.

AS LACUNAS DE UMA MOLDURA ANTIGA

FIGURAS 7, 8 E 9

Abraão intercede por Sodoma [Gênesis 18]

Moisés intercede pelos israelitas [Êxodo 32]

Jesus intercede por seus discípulos [João 17]

Adele Berlin observa que as lacunas deixadas nas narrativas bíblicas são intencionais. Com alguns golpes hábeis, o autor bíblico envolve a imaginação do leitor para construir uma imagem mais "real" do que se ele tivesse preenchido o retrato de Davi, Abraão ou José com mais detalhes. "A representação mínima pode dar a ilusão máxima."[40]

Para identificar a moldura, repare em palavras, elementos ou roteiros que se repetem. Depois de aprender a enxergar novas histórias em velhas molduras, o sentido do texto é ampliado em nossa mente e em nosso coração, de modo que temos acesso a mais ferramentas para aplicar o evangelho à nossa vida e propagá-lo.

---

[40]*Poetics and interpretation of biblical narrative* (Winona Lake: Eisenbrauns, 1994), p. 137.

MOLDURAS E HIPERLINKS NA PRÁTICA

17

NOS CAPÍTULOS ANTERIORES, VIMOS OS HIPERLINKS QUE percorrem o texto bíblico, e as antigas molduras que se repetem, acomodando diferentes histórias. Neste capítulo, por meio de um exemplo prático, veremos como os hiperlinks e as molduras se entrelaçam na Bíblia,[41] e como o zoom-in e o zoom-out na análise da narrativa podem aprofundar a interpretação bíblica.

HIPERLINKS E MOLDURAS EM GÊNESIS

Usarei o livro de Gênesis como modelo, começando pelo primeiro capítulo, pois o principal hiperlink desse texto percorre a Bíblia inteira.

O hiperlink ganha mais peso quando repetido algumas vezes no mesmo contexto. Em Gênesis 1, a palavra "bom" (*tov*, em hebraico) é repetida em sete versículos (1:4,10,12,18,21,25,31). Se o fato de repetir uma palavra duas vezes lhe dá importância, imagine quando ela é repetida sete vezes. Ao fazer isso no texto, o autor declara indiretamente que é Deus quem declara o que é bom.

Além disso, esse texto inicial ressalta o número 7: a Criação aconteceu em sete dias; o primeiro versículo tem sete palavras; o

---

[41]Baseio-me aqui na tese de doutorado de Brian Osborne Sigmon, *Between Eden and Egypt: echoes of the garden narrative in the story of Joseph and his brothers*.

segundo tem 2 x 7 palavras; Deus descansa no sétimo dia. Com isso, o autor apresenta indiretamente o sete como o número da completude divina.

Na sequência, temos a segunda narrativa da criação. A moldura se repete com novos elementos, porém a palavra "bom" (*tov*) continua a ser usada (2:9 [2x],12,17,18]. Na primeira ocorrência, lemos que

> o Senhor Deus fez nascer então do solo todo tipo de árvores agradáveis aos olhos e *boas* para alimento. E no meio do jardim estavam a árvore da vida e a árvore do conhecimento do *bem* e do mal (2:9).

Existe um jardim que é bom e uma árvore que, mesmo tendo sido criada por Deus, não serviria para mostrar a Adão e Eva o que era bom, pois isso já fora revelado. A presença da árvore no jardim lhes dava a possibilidade de tomar a decisão entre deturpar o que era bom e transformá-lo em algo mau, ou transformar em bom o que era mau. A árvore da vida, por outro lado, preservava tudo na condição em que Deus criara: tudo era bom.

Mais adiante, lemos:

> O Senhor Deus declarou: "Não é *bom* que o homem esteja só" (2:18).

Esse versículo mostra que quem declara o que não é bom é o próprio Deus. Não seria bom o homem viver só, pois, sozinho, acabaria por descumprir a ordem de não comer do fruto proibido. Então, Deus criou a mulher.

Finalizada a segunda narrativa da Criação, chegamos ao conflito (a aparição da serpente) e ao clímax dessa narrativa (a Queda):

> Quando a mulher *viu* que a *árvore* parecia *agradável* ao paladar, era *atraente aos olhos* e, além disso, *desejável* para dela se obter

discernimento, *tomou* do seu fruto, comeu-o e o deu a seu marido, que comeu também. Os *olhos* dos dois se abriram, e perceberam que estavam *nus*; então juntaram folhas de *figueira* para cobrir-se (Gênesis 3:6,7).

As palavras e expressões destacadas são hiperlinks que aparecem em outros textos da Bíblia. A ideia de "ver" algo costuma anteceder uma decisão, certa ou errada, em vários episódios das Escrituras. As palavras "árvore" e "agradável" já haviam sido mencionadas anteriormente na narrativa de Gênesis (2:9). O verbo "tomar" ("tomar posse") será usado várias vezes em Gênesis (27:35; 31:45). O tema da nudez volta no incidente da embriaguez de Noé (9:21,22). A figueira também aparece em outras histórias bíblicas (Juízes 9:10; Mateus 21:20).

Nesses dois versículos, está formada a grande história-moldura da queda humana e são trazidos os hiperlinks que construirão outras histórias na Bíblia. Na moldura de Gênesis 3, encaixa-se a história de Caim e Abel, do capítulo 4. Caim é agricultor, enquanto Abel é criador de ovelhas. Os dois irmãos levam uma oferta ao Senhor, mas Deus só aceita a oferta de Abel, deixando Caim furioso. As palavras de Deus a Caim constituem o clímax dessa história:

Se você fizer o *bem*, não será aceito? Mas, se não o fizer, saiba que *o pecado o ameaça à porta*; ele *deseja* conquistá-lo, mas você deve *dominá-lo* (4:7).

As palavras e expressões destacadas fazem hiperlinks com o episódio da tentação de Eva:

- "Bem": como Eva, Caim podia optar por fazer o bem, não o mal;
- "O pecado o ameaça à porta": era uma tentação, à semelhança da proposta da serpente;

- "Deseja": foi algo com que ele teve de lidar, à semelhança de Eva;
- "Dominá-lo": envolve controlar um desejo, o que Caim não fez, do mesmo modo que Eva, que não controlou seu desejo pelo fruto.

Da mesma forma, o conflito entre os irmãos se encaixa na moldura da história geral da Queda:

- um "animal" é o gatilho do conflito (3:1; 4:4);
- uma pessoa tem de decidir "entre o bem" e o "não bem" (3:2,3; 4:7);
- o ser humano cede à tentação e sofre as consequências destrutivas (3:6; 4:8);
- Deus aparece e faz uma pergunta importante (3:11; 4:9a);
- o ser humano se esquiva da pergunta (3:12-13; 4:9b);
- consequentemente, a terra é envolvida na maldição (3:17; 4:11);
- a terra torna-se mais hostil (3:18; 4:12);
- o ser humano é banido da presença divina (3:23; 4:14);
- Deus realiza um ato de misericórdia (3:15; 4:15).

As duas histórias são muito semelhantes. Os autores apoiam-se nos significados de elementos presentes na primeira estrutura. As dúvidas que temos em Gênesis 3 são respondidas em outros textos.

Os hiperlinks continuam a se repetir pelo livro de Gênesis. Após uma lista genealógica no capítulo 5, temos outra narrativa no capítulo 6:

> Quando os homens começaram a *multiplicar-se* na terra e lhes nasceram filhas, os filhos de Deus *viram* que as filhas dos homens eram *bonitas* e *escolheram* para si aquelas que lhes *agradaram* (6:1-2).

Há aqui uma repetição de palavras e ideias presentes nos capítulos anteriores:

- "Multiplicar-se": é a bênção dada por Deus quanto à prosperidade do homem e da mulher (1:28);
- "Viram"; "bonitas"; "agradaram": são as mesmas palavras que relatam as ações de Eva ante o desejo despertado pelo fruto proibido (3:6);
- "Escolheram": transmite a mesma ideia de Eva, que "tomou" o fruto para si (3:6b).

Dois elementos novos que aparecem são os "filhos de Deus", expressão que pode ser interpretada como potestades, anjos caídos ou líderes tribais poderosos (considerados culturalmente filhos dos deuses, conforme vimos em capítulos anteriores), as "filhas dos homens", descendentes de Adão, de quem viria o descendente de mulher que feriria a cabeça da serpente (3:15).

Essa é uma lacuna gerada pela sobreposição de uma velha moldura a um novo quadro. O foco do texto não é informar quem eram os tais "filhos de Deus", e sim o que estavam fazendo no texto e o que representam. A expressão "escolheram para si aquelas que lhes agradaram" os mostra como "feras" adotando uma atitude possessiva diante da descendência de Adão.

O mal que começou com a Queda e se agravou com o assassinato de Abel se torna generalizado em Gênesis 6: "O Senhor viu que a perversidade do homem tinha aumentado na terra e que toda a inclinação dos pensamentos do seu coração era sempre e somente para o mal" (v. 5). Por essa razão, o Senhor decidiu trazer juízo sobre a terra. Ele desfaria o que havia criado no sexto dia: a humanidade. No Dilúvio, "todas as fontes das grandes profundezas jorraram, e as comportas do céu se abriram" (Gênesis 7:11). Toda a raça humana foi destruída à exceção de um homem e sua descendência: "Noé era homem justo, íntegro entre o povo da sua época; ele andava com Deus" (Gênesis 6:9).

Após o Dilúvio, o texto bíblico informa:

> Noé, que era *agricultor*, foi o primeiro a *plantar* uma *vinha*. Bebeu do vinho, *embriagou-se* e ficou *nu* dentro da sua *tenda*. Cam, pai de Canaã, viu a *nudez* do pai e foi contar aos dois irmãos que estavam do lado de fora. Mas Sem e Jafé pegaram a *capa*, levantaram-na sobre os ombros e, andando de costas *para não verem a nudez do pai, cobriram-no.*
>
> Quando Noé *acordou* do efeito do vinho e *descobriu o que seu filho caçula havia feito*, disse: "*Maldito* seja Canaã! *Escravo de escravos* será para os seus irmãos" (Gênesis 9:20-25).

As expressões destacadas são hiperlinks referentes a histórias anteriores. O autor de Gênesis encaixa a tragédia de Noé e de sua família na mesma moldura das histórias de Adão e Eva, Caim e Abel e da humanidade decaída. Diante do que já foi exposto, você conseguirá facilmente estabelecer as conexões do incidente de Noé e seus filhos com os outros relatos.

Enquanto faz isso, observe toda a riqueza do texto bíblico e a maneira meticulosa como foi elaborado. Quanto mais nos debruçarmos sobre a Bíblia, mais estruturas encontraremos, mais histórias encaixadas em antigas molduras e mais hiperlinks que se cruzam, o que torna o mosaico bíblico mais grandioso, intrincado e impressionante.

APLICANDO O ZOOM-IN E O ZOOM-OUT NOS HIPERLINKS

É fácil perder-se nos hiperlinks, porque um hiperlink aberto pode levar a outro. Assim, vamos de um hiperlink a outro até perder de vista o ponto de partida. Uma ferramenta que nos ancora em nossa exploração do texto bíblico é o zoom-in e o zoom-out, ambos apresentados no capítulo 10. Aqui, demonstrarei como aplicar essa ferramenta na prática.

Quando observamos a visão multifocal que os autores bíblicos tinham ao escrever suas histórias, percebemos a similaridade que eles têm com um cinegrafista à beira de um campo, registrando uma partida de futebol para a TV. O cinegrafista às vezes faz um "zoom-in", ou seja, aumenta a imagem com a lente da câmera; outras vezes, faz um "zoom-out", ou seja, diminui o zoom de uma imagem para registrar o campo como um todo. Se permanece muito tempo no "zoom-in", enquadrando determinado jogador, perde o que está acontecendo com o resto do jogo, mas também, se assistirmos ao jogo todo com aquela câmera em "zoom-out", ou seja, a câmera que capta o campo todo de longe, perderemos detalhes importantes, como, por exemplo, o contato entre os jogadores, o que nos permitiria, por exemplo, ver se houve alguma falta ou até mesmo um pênalti.

Assim é a nossa leitura da Bíblia. Se a lermos apenas com o "zoom-in", focados em um pequeno texto, vamos perder a mensagem principal da Bíblia, que é revelar Jesus e seu evangelho. Mas, se só lermos a Bíblia com "zoom-out" e nunca pararmos para fazer dar zoom-in nos detalhes dos textos, perderemos imagens específicas importantes que nos ajudariam a entender a revelação.

O que chamo de "zoom-in e zoom-out" é o processo hermenêutico de que o todo interpreta as partes e as partes interpretam o todo. Um bom intérprete da Palavra de Deus lê o livro todo antes de interpretar um pequeno texto. Depois de compreender a mensagem principal de uma carta ou de um livro, foca nas partes para complementar a mensagem principal do livro e da revelação geral.

O zoom-in foca textos específicos, detalhes, enquanto o zoom-out contempla o grande quadro narrativo. Se usarmos apenas o zoom-in, perderemos a mensagem principal da Bíblia, que é revelar Jesus. Se usarmos apenas o zoom-out, perderemos detalhes importantes para entender a revelação geral. Por isso, um bom intérprete da Palavra de Deus lê os livros bíblicos por inteiro antes de interpretar os textos que os compõem, entendendo primeiro a mensagem principal do livro, para, depois, concentrar-se nas partes, aprofundando sua compreensão da mensagem principal do livro e da revelação geral.

Como exemplo, vamos analisar uma passagem do Evangelho de João:

> Jesus lhe respondeu [à samaritana]: "Se você conhecesse o dom de Deus e quem lhe está pedindo água, você lhe teria pedido e dele teria recebido *água viva*" (João 4:10).

Ao encontrarmos uma expressão que não é comum em nossa cultura ou em nosso idioma, devemos pesquisá-la na biblioteca da mente do autor bíblico. É o caso da expressão "água viva". Podemos começar vendo se o autor utiliza essa expressão mais de uma vez no livro ou em outros livros que escreveu (no caso de João, poderíamos averiguar as cartas e o Apocalipse). Caso não apareça nos outros livros do autor, ela aparece em outro lugar na Bíblia? Repare que todas essas indagações diminuem o zoom em relação ao texto examinado.

Vejamos, então, se "água viva" aparece em outro lugar no Evangelho de João. De fato, essa expressão aparece três vezes: duas no contexto de João 4; e a terceira em uma polêmica acerca do Messias, que se deu durante a festa judaica das cabanas:

> No último e mais importante dia da festa, Jesus levantou-se e disse em alta voz: "Se alguém tem sede, venha a mim e beba. Quem crer em mim, como diz a Escritura, do seu interior fluirão rios de *água viva*". Ele estava se referindo ao Espírito, que mais tarde receberiam os que nele cressem. Até então, o Espírito ainda não tinha sido dado, pois Jesus ainda não fora glorificado (João 7:37-39).

Essa passagem, portanto, explica que "água viva" é o Espírito Santo que seria derramado. Essa informação já responde a muitas dúvidas. Nem sempre precisamos intuir o sentido de uma expressão:

algumas vezes, o sentido já está claro; basta olhar para o contexto do autor. Tivemos o privilégio de encontrar, na primeira busca, o sentido de "água viva" no próprio Evangelho de João. Caso isso não tivesse acontecido, poderíamos fazer um segundo movimento: olhar outras expressões no contexto do versículo em foco e procurar por hiperlinks.

No contexto imediato de João 4:10, lemos:

> Era-lhe necessário passar por *Samaria*. Assim, chegou a uma cidade de Samaria, chamada Sicar, perto das *terras que Jacó dera a seu filho José*. Havia ali o *poço de Jacó* (4:4-6).

Nesses versículos, separei quatro expressões e palavras para diminuir o zoom, focando o contexto geral da Bíblia, e depois aumentei para o texto que estamos interpretando.

João escreveu essa passagem presumindo que seus leitores entenderiam as referências subentendidas na menção a *Samaria*; ou seja, ele fez uso aqui de linguagem indireta. Samaria era a capital do reino do Norte (cf. 2Reis 17 e 18; Isaías 20) e, após ser conquistada pela Assíria, perdeu sua identidade israelita, tornando-se um povo impuro, segundo os padrões observados pelos judeus. Por isso João afirmou que "os judeus não se dão bem com os samaritanos (4:9).

João também pressupunha que seus leitores estavam familiarizados com os detalhes da história de Jacó e José quando mencionou as "terras que Jacó dera a seu filho José" (cf. Gênesis 33:19; Josué 24:32).

O versículo menciona o "poço de Jacó". Não encontramos uma referência do "poço de Jacó" no Antigo Testamento. Vemos, porém, no livro de Gênesis, que poços eram recursos importantes na época dos patriarcas, de modo que alguns poços até mesmo deram origem a disputas entre eles e outras pessoas (cf. Gênesis 21:25-31; 26:14-25), além de serem lugares centrais na história de Rebeca (24:11-20);

de Jacó e Raquel (29:1-10); e de José (37:20-28). Quanto à palavra em si, "poço" pode ser traduzido por "fonte", e algumas versões da Bíblia utilizam essa tradução no diálogo entre Jesus e a mulher samaritana.

Por fim, João cita Jacó, considerando que toda a história de Jacó conhecida de seus leitores (cf. Gênesis 21, 24, 26 e 29).

João e os demais autores bíblicos inseriam em seus textos informações como essas por saberem que seus leitores as conheciam. Nós, leitores de hoje, temos de fazer esse movimento de zoom-in e zoom-out para acessar a biblioteca na mente do autor e de seus leitores. Esse processo de reduzir o zoom é trabalhoso, mas a simples pesquisa na própria Palavra de Deus amplia o sentido e a importância das narrativas, inserindo uma única passagem no contexto mais amplo das Escrituras e agregando mais significados a palavras que poderiam parecer simples. Assim, quando voltamos para a expressão "água viva", compreendemos mais sua importância para Jesus.

Também é possível abrir ainda mais o foco da pesquisa para entender os conceitos originais que os termos "fonte", "rio", "água corrente" e "água que gera vida" têm na Bíblia. Vimos em capítulos anteriores como, no Éden, "*brotava água* da terra e irrigava toda a superfície do solo" (Gênesis 2:6). Na sequência desse texto, lemos: "No Éden nascia um *rio* que irrigava o jardim, e depois se dividia em quatro" (v. 10). Pode-se concluir que toda a água geradora de vida provinha dessa fonte; um rio que dá vida a todas as nações. Por trás do rio, está o Deus que gera a vida. Nessa passagem de João, Jesus diz que é ele quem gera essa vida. No começo do Evangelho, o apóstolo disse que Jesus estava com Deus na Criação (João 1:2,3); aqui, o próprio Jesus afirma que é a fonte de água que gerou vida na terra, de modo que quem crer nele continuará a ter essa vida.

Quando aumentamos o zoom, indo da passagem para o contexto maior do livro e das Escrituras, encontramos as molduras sendo usadas em outros contextos. Aqui temos uma história formada por um poço (ou fonte), uma mulher e a presença do Deus encarnado. Essa é a repetição de outra história, envolvendo outra mulher, outra fonte e o mesmo Deus: Eva, no Éden. No centro do jardim estavam a fonte que irrigava o jardim e as duas árvores (Gênesis 2:9,10), e ali parecia ser o ponto de encontro entre os humanos e Deus, que passeava pelo jardim ao fim do dia (Gênesis 3:8). Jesus, na fonte de Jacó, afirma trazer de volta a fonte da criação, a fonte da vida em Deus. Essa fonte de água viva é o Espírito Santo (João 7:39) derramado nos que creem nele.

João utiliza uma última vez o hiperlink da fonte da vida no Apocalipse:

> O anjo me mostrou o *rio da água da vida,* que, claro como cristal, fluía do trono de Deus e do Cordeiro, *no meio* da rua principal da cidade. De cada lado do rio estava a *árvore da vida*, que frutifica doze vezes por ano, uma por mês. As folhas da árvore servem para a cura das *nações* (Apocalipse 22:1,2).

No Apocalipse, a Jerusalém celestial se sobrepõe ao jardim da Criação, formando o novo Éden. Do trono ocupado pelo Cordeiro, brota um rio de água viva que abençoa todas as nações.

TERCEIRA PARTE

METODOLOGIA DAS TRÊS LEITURAS

UMA PROPOSTA DE INTERPRETAÇÃO BÍBLICA

METODOLOGIA DAS TRÊS LEITURAS
OS CINCO PILARES

18

A O LONGO DOS ANOS, CRIEI UMA METODOLOGIA PESSOAL DE interpretação bíblica, extraindo de outras metodologias o que era benéfico para mim, e a denominei *Metodologia das três leituras*. Nas duas primeiras partes deste livro, apresentei os princípios e as ferramentas que utilizei para criar essa metodologia. Assim, o leitor poderá tê-la à mão para seguir esse ou qualquer outro método de interpretação bíblica.

Nesta parte final do livro, dedico-me a explicar como essa metodologia pode ser usada na prática. Tenho feito uso dela em todos os meus anos como professor de hermenêutica em seminários e faculdades, compartilhando-a com alunos que buscam um método objetivo de interpretar a Palavra de Deus.

A metodologia das três leituras se baseia em cinco pilares, que explico a seguir. Nos capítulos posteriores, abordarei o passo a passo para cada leitura.

PRIMEIRO PILAR: LEITURA INDUTIVA

Entre os diferentes métodos que existem para interpretar a Bíblia, a metodologia das três leituras se apoia na *leitura indutiva*. No método indutivo, fazemos perguntas ao texto bíblico e buscamos nele mesmo as respostas que nos conduzem à interpretação. Ouvimos a voz do autor bíblico, e isso nos induz à interpretação do que diz o texto.

Para evitar possíveis erros de interpretação, o método indutivo segue três passos: observação, interpretação e aplicação.

PRIMEIRO PASSO: OBSERVAÇÃO

Nessa etapa do processo, a preocupação está em descobrir o que o texto informa, sem arriscar abordagens mais profundas. Não se trata de interpretar o significado do texto, mas simplesmente de compreender o que ele diz. É hora de buscar no texto respostas às seguintes perguntas:

- Quem? (Quem está agindo ou falando aqui?)
- O quê? (O que está acontecendo? Sobre o que as personagens conversam?)
- Quando? (Quando se passa essa história dentro do contexto do livro? O texto é a respeito de coisas que aconteceram, acontecem ou acontecerão?)
- Onde? (Onde se passa essa cena, ou a que lugar se refere?)
- Como? (Como ocorrem os fatos? O que veio primeiro e o que aconteceu depois?)
- Por quê? (Por que esse evento acontece? Ele é resultado de uma ação anterior, ou anuncia algo a seguir?)

Nessa fase da leitura, atentamos para palavras ou expressões repetidas no texto, bem como para termos que sugerem mudanças, contrastes, causa e efeito. Nessa etapa, não tentamos analisar o que essas descobertas significam; apenas registramos sua ocorrência e entendemos acerca do que é o texto.

SEGUNDO PASSO: INTERPRETAÇÃO

Nessa etapa, buscamos o sentido do texto, ampliando o olhar para o contexto e tomando por base os princípios bíblicos gerais. As perguntas a serem feitas nessa etapa são:

- Qual é o contexto cultural dessa passagem?
- Qual é o contexto histórico dessa passagem?
- O que mais posso saber sobre o livro, o autor e o contexto?

- Quais outras passagens das Escrituras me ajudarão na tarefa de interpretar esse texto?

TERCEIRO PASSO: APLICAÇÃO

A observação e a interpretação extraem da Palavra informações e constatações maravilhosas, mas seu propósito principal é transformar nosso aprendizado em prática para nossa vida. Não examinamos as Escrituras para saber mais, mas para sermos transformados por meio de sua aplicação em nossa vida.

Basicamente, a aplicação responde às seguintes perguntas:

- O que esse texto despertava em/requeria de seus primeiros ouvintes?
- O que ele desperta em mim, ou requer de mim hoje?

Não podemos esquecer que o objetivo de estudarmos as Escrituras é crescermos no conhecimento de Cristo e sermos transformados à imagem dele (cf. 2Coríntios 3:18).

SEGUNDO PILAR: LEITURA EXAUSTIVA

A leitura exaustiva diz respeito a ler cada livro (e, consequentemente, a Bíblia toda, ao final) diversas vezes. O importante, principalmente para quem não está habituado a interpretar as Escrituras, é ler com uma frequência cada vez maior, e ler por completo o texto a ser estudado.

O cristão deve esforçar-se para ler a Bíblia toda, pois é nela que encontramos as "palavras de vida eterna" (cf. João 6:68). Portanto, é inadmissível que alguém que se proponha interpretar as Escrituras não tenha feito pelo menos uma leitura completa.

A estratégia que aconselho é priorizar um livro por vez e tentar lê-lo todo antes de focar nas partes. Costumo dizer que é preferível sentar-se e ler duas horas da Palavra uma vez por semana a ler vinte minutos todos os dias. Uma leitura mais demorada o fará entender a mensagem principal do livro com mais clareza do que ler fragmentos do texto para juntá-los dias depois.

TERCEIRO PILAR: COMPREENSÃO DO ENREDO

Quando recebemos um e-mail, não tentamos deduzir o que o remetente está falando apenas pelas primeiras linhas. Lemos o texto por completo, até mesmo o assunto, a fim de entender o propósito do e-mail.

Compreender o enredo é o exercício mais importante em sua tarefa de interpretação. Se você quiser estudar o Evangelho de Marcos, por exemplo, leia-o por completo de uma vez só, antes de interpretar as partes do livro. Isso se aplica a todos os livros da Bíblia. Desse modo, você entenderá melhor o enredo e a linha de pensamento do autor.

Destaco aqui a facilidade em ouvir a Bíblia narrada pelo celular ou pelo computador, em diversos aplicativos. Criar o hábito de ouvir um livro todo de uma vez é voltar à origem, ou seja, à forma como o primeiro público recebia a Palavra de Deus. Como boa parte da Palavra foi transmitida oralmente, ouvir a Bíblia sem cortes resulta em entender cada vez mais o enredo geral revelado nas Escrituras.

QUARTO PILAR: EXPLICAÇÃO DE TERMOS E IDEIAS

Esse pilar está relacionado ao tópico dos hiperlinks, explicado em capítulos anteriores. É por meio deles que entendemos expressões e temas bíblicos, como, por exemplo, a expressão "água viva", que estudamos no capítulo 17. Em minha metodologia, compreendo que, toda vez que deparamos com palavras ou expressões que não entendemos, devemos buscar o significado delas na própria Bíblia.

QUINTO PILAR: COMPREENSÃO DO TEXTO À LUZ DO DRAMA GERAL DAS ESCRITURAS

Antes de aplicar a Bíblia ao nosso contexto, temos de aplicar o texto no contexto geral do drama das Escrituras, conforme observado no capítulo 5. Para isso, fazemos perguntas como:

- O que o texto representa na linha do tempo entre Gênesis e Apocalipse?
- Onde, no drama das Escrituras, devo encaixar a revelação que acabei de encontrar?

O cânon bíblico é um todo coerente, formando um "teodrama". Para compreender melhor o significado particular de cada episódio ou de cada livro, devemos entender bem o enredo bíblico como um todo.[42]

AS TRÊS LEITURAS

Os princípios mantidos nesses pilares se revelam na metodologia das três leituras, sobre a qual nos deteremos até o fim deste livro. Cada leitura terá um foco diferente e abarcará determinada quantidade de texto. Buscamos, em primeiro lugar, obter uma visão geral para depois nos aprofundar na interpretação. Para uma boa interpretação da Bíblia, não basta fazer a pergunta certa. É fundamental que a pergunta seja feita *na ordem correta*.

São estas as três leituras:

- Primeira leitura: leitura do livro inteiro com foco nos *assuntos*.
- Segunda leitura: leitura de um assunto com foco na *estrutura*.
- Terceira leitura: leitura da perícope com foco nos *hiperlinks*.

É uma leitura de zoom-in. Do contexto maior do livro, vamos para uma porção menor de texto, que é o assunto — ele pode cobrir um capítulo ou mais, ou talvez parte de um capítulo. Do assunto, aumentamos o zoom para a perícope, que é a menor unidade de texto com sentido completo. Pensando, por exemplo, em um estudo do Evangelho de Mateus:

---

[42]Andreas J. Köstenberger; Richard D. Patterson, *Convite à interpretação bíblica: a tríade hermenêutica* (São Paulo: Vida Nova, 2015), p. 149.

- a primeira leitura contempla o livro todo, com foco nos assuntos que compõem o enredo e na linha de pensamento do autor;
- a segunda leitura se detém em um dos assuntos (por exemplo, a parte inicial da vida de Jesus), buscando-se a linha de pensamento do autor sobre o assunto específico, para uma melhor compreensão;
- a terceira leitura se concentra numa perícope (por exemplo, a visita dos magos), atentando para os hiperlinks entre o trecho focalizado e o restante do livro e das Escrituras, e finaliza o estudo com um zoom-out para entender a perícope à luz do livro todo.

A metodologia das três leituras visa facilitar o processo de interpretação bíblica, uma vez que cria um ciclo virtuoso. O fato de ler cada vez mais as Escrituras desenvolve em nós uma consciência melhor sobre o enredo do teodrama. O sentido da revelação mais ampla mostra o que o livro e a passagem que escolhemos estudar significam. Cada texto contribui para a montagem do mosaico, dando-lhe forma, e o mosaico contribui para a compreensão dos textos, para que tenham mais sentido.

PRIMEIRA LEITURA
O CONTEXTO HISTÓRICO

19

COMO AFIRMEI NO CAPÍTULO ANTERIOR, A PRIMEIRA LEITURA é a do livro inteiro. Minha recomendação é que o leitor escolha um texto para ler e meditar durante um bom período.

Devemos fazer a primeira leitura tendo em mente perguntas que nos ajudem a compreender o contexto histórico do livro:

- Quem é o autor do livro?
- Em que circunstâncias políticas, sociais e religiosas vivia o autor?
- O que o texto diz sobre o autor, sua personalidade e seus interesses?
- Para quem o autor estava escrevendo?
- Como o documento foi recebido por seus destinatários?
- Quais mudanças o texto pretendia causar nos leitores?

Não se restrinja a essas perguntas. A curiosidade é um ponto fundamental nessa primeira leitura. Leia o texto questionando tudo o que lhe vier à mente: quem é o autor, quando o texto foi escrito, quem é o personagem, e assim por diante.

Para responder a essas perguntas, você talvez tenha de fazer uso de obras de referência, como comentários, manuais e dicionários bíblicos. A maioria das Bíblias atuais, especialmente as de estudo, traz, no início de cada livro, um resumo contendo algumas informações: autor, destinatários, propósito, data e lugar de composição, características especiais, estrutura e assim por diante. Esses resumos são úteis para fornecer uma noção do contexto.

A primeira tarefa do intérprete bíblico é entender o texto no contexto em que foi escrito. Para isso, você pode imaginar que o documento foi escrito diretamente para você, um integrante de Israel que saía do Egito e ouvia de Moisés a Lei de Deus, ou um cristão de uma igreja do primeiro século que recebia uma carta do apóstolo Paulo.

Depois que entender o enredo, ficará mais evidente por que o autor é mais incisivo em alguns assuntos. Você começará a construir o perfil do autor não pela tradição, mas a partir de informações extraídas do próprio texto.

Talvez você tenha de recorrer à lista de perguntas para se lembrar de fazê-las no momento da leitura. Com o tempo e a experiência adquirida, isso acontecerá de formal natural. Chamo isso de *reflexo hermenêutico*. Você já deve ter ouvido algo acerca de memória muscular. Os nervos se comunicam com os músculos e, assim, permitem que estes se movimentem na mesma sequência quando repetimos um gesto. É como se a ordem em que os músculos foram ativados ficasse gravada. Por isso, quem se ausenta da academia por um breve período não tem a mesma dificuldade de alguém que treina pela primeira vez. Acontece a mesma coisa com relação à tarefa hermenêutica. Depois de aprendermos essas perguntas, o reflexo hermenêutico permitirá que as façamos na ordem correta sempre que nos propusermos a estudar um texto.

Talvez você, ao proceder à primeira leitura do texto, se sinta tentado a fazer pausas para anotar suas observações. Recomendo que não faça isso. Continue lendo — ou ouvindo, caso tenha optado pela Bíblia em áudio — e atentando à mudança de assuntos e de argumentações, mas não interrompa a leitura ou a audição. Em breve, chegará o momento de registrar suas descobertas.

O CONTEXTO HISTÓRICO NA PRÁTICA

A seguir, estão dois exemplos do tipo de descoberta possível quando fazemos a primeira leitura tendo em mente as perguntas referentes ao contexto histórico.

EXEMPLO 1: GÁLATAS

Quando lemos Gálatas, percebemos que um dos assuntos é a polêmica em torno da circuncisão e do cumprimento das cerimônias judaicas por parte de convertidos gentios. O texto é rápido e urgente, não havendo espaço nem mesmo para uma introdução.

Em Atos 15, lemos a respeito de um Concílio de Jerusalém do qual Paulo participa, e no qual foi tomada uma decisão a respeito desse assunto. Como Paulo não menciona o evento nesta carta, e como o apóstolo é incisivo sobre a questão de voltar à velha vida, à escravidão da lei, ele dificilmente teria deixado de citar o concílio. Assim, a hipótese mais provável é que Paulo tenha escrito a carta no final de sua primeira viagem missionária, por volta do ano 49 d.C.

Em relação aos destinatários, percebe-se em toda a carta uma forte indignação com os falsos mestres que importunavam as igrejas da Galácia, pervertendo o evangelho. Esses falsos mestres eram judaizantes, e a ação deles determinou a urgência da carta e o tom por vezes agressivo que o apóstolo emprega.

EXEMPLO 2: JONAS

A parte introdutória do livro de Jonas diz que o profeta é filho de Amitai. Quem é Amitai? Pesquisando na própria Bíblia, descobrimos que tanto Jonas como o pai faziam parte de uma linhagem de profetas durante o reinado de Jeroboão II (cf. 2Reis 14:25). Esse rei foi mau aos olhos do Senhor, e seu nacionalismo o levou a agir com extrema violência contra os povos vizinhos e contra os que divergiam de suas ideias. Jonas provavelmente alimentava os mesmos sentimentos nacionalistas de Jeroboão II, pois não parecia fazer-lhe nenhum tipo de oposição. Mais tarde, esse rei aparece diretamente envolvido na destruição de Nínive. Deus, então, mostra a ironia: apesar de não confrontar o rei que destruiu aquela cidade, designa Jonas para pregar a ela.

Em relação ao contexto histórico, a pesquisa nos mostrará que Nínive era a principal cidade da Assíria e também sua última capital. Naum e Sofonias predisseram sua ruína (cf. Naum 3:7; Sofonias 2:13), enquanto Jesus a tomou como exemplo de conversão (Lucas 11:32).

20

PRIMEIRA LEITURA
O CONTEXTO LITERÁRIO

CONTEXTO LITERÁRIO É TUDO O QUE ENVOLVE A CONSTRUÇÃO do enredo de um livro, e ele também faz parte das indagações da primeira leitura. Nesta etapa do estudo, sua tarefa consiste basicamente em destacar os assuntos, que são as partes que formam o livro. Isso significa descobrir o enredo construído pelo autor e a ordem em elenca os assuntos.

Para ajudá-lo no processo, faça perguntas como:

- Qual a lógica do texto? De que o autor está falando?
- Por que o autor diz isso aqui, e não em outro ponto?
- Por que o autor colocou os assuntos nessa ordem?
- Como o autor conclui cada assunto? Para qual assunto segue na sequência?

O texto bíblico é muito complexo, fruto de séculos de construção. Tudo foi extremamente bem arquitetado. Não existe palavra ou argumentação aleatória. Precisamos, então, entender qual é a mente do autor e o enredo que ele constrói para interpretar as pequenas partes. Quanto mais vezes lermos o livro por inteiro, mais facilmente perceberemos os assuntos que compõem seu enredo, e o fio argumentativo que o autor utiliza para uni-los.

O CONTEXTO LITERÁRIO NA PRÁTICA

Vejamos três breves exemplos do que pode ser encontrado no livro em relação contexto literário.

EXEMPLO 1: GÊNESIS

Quando lemos Gênesis, percebemos algumas possíveis divisões no enredo:

- a criação boa de Deus (Gênesis 1:1—2:3);
- a Queda do ser humano (Gênesis 2:4—11:9);
- a história dos patriarcas (Gênesis 11:10—36:43);
- a história de José (Gênesis 37:1—50:26).

Poderíamos subdividir essa estrutura em pontos menores, e mais adiante isso será feito. Nessa primeira leitura, porém, basta reconhecer os assuntos gerais que o autor aborda no livro.

EXEMPLO 2: GÁLATAS

Ao ler Gálatas, fica evidente que a carta não tem uma introdução dentro do padrão que Paulo costumava seguir em todas as suas cartas. Como percebemos com a leitura histórica, isso talvez se deva à urgência do assunto: por influência dos falsos mestres, os crentes da Galácia estavam "abandonando [...] aquele que os chamou pela graça de Cristo, para seguirem outro evangelho" (1:7). Isso mostra ao leitor o contexto no qual a carta foi escrita e como o conteúdo será abordado.

Outro aspecto literário digno de nota é que Paulo conta sua história mais uma vez nessa carta. Podemos supor que os cristãos gálatas duvidavam de suas credenciais como apóstolo, pois ele diz: "que o evangelho por mim anunciado não é de origem humana. Não o recebi de pessoa alguma nem me foi ele ensinado; ao contrário, eu o recebi de Jesus Cristo por revelação" (1:11,12). É possível que, quanto mais Paulo se distanciava de Jerusalém, mais os judaizantes colocavam em xeque seu apostolado. Assim, Paulo também lembra que ele mesmo fora aceito pelos apóstolos em Jerusalém (1:18,19), e mostra que o evangelho que recebeu de Cristo está acima dos influentes da igreja em Jerusalém.

EXEMPLO 3: LUCAS

Nesse exemplo, quero mostrar outro aspecto do olhar sobre o todo para demonstrar que, se não prestarmos atenção ao contexto literário, não perceberemos como as histórias estão interligadas umas às outras. No Evangelho de Lucas, há um diálogo de Jesus com os discípulos acerca das riquezas. Ele tem início depois de um homem rico se retirar, entristecido, da presença de Jesus, por não querer dar o que tinha aos pobres para seguir Jesus. O Senhor, então, exclamou:

> [Disse Jesus:] "Como é difícil aos ricos entrar no Reino de Deus! De fato, é mais fácil passar um camelo pelo fundo de uma agulha do que um rico entrar no Reino de Deus".
>
> Os que ouviram isso perguntaram: "Então, quem pode ser salvo?"
>
> Jesus respondeu: "O que é impossível para os homens é possível para Deus (Lucas 18:24-27).

Os discípulos não entenderam a declaração de Jesus. Segundo a cultura judaica, a riqueza era um sinal do favor de Deus, portanto eles não entendiam como um rico não entraria no reino de Deus. A resposta de Jesus afirma que o impossível para o homem é possível para Deus.

No capítulo seguinte, Lucas registra a história de um cobrador de impostos chamado Zaqueu, e nós vemos o impossível acontecendo na prática:

> Zaqueu levantou-se e disse ao Senhor: "Olha, Senhor! Estou dando a metade dos meus bens aos pobres; e se de alguém extorqui alguma coisa, devolverei quatro vezes mais".
>
> Jesus lhe disse: "Hoje houve salvação nesta casa! Porque este homem também é filho de Abraão" (Lucas 19:8,9).

A leitura completa do Evangelho de Lucas nos faz perceber que a história de Zaqueu é uma resposta clara ao questionamento dos discípulos, suscitado pelo comentário de Jesus sobre os ricos. Um homem de quem ninguém esperava nada — um ladrão, aos olhos do povo —, ao ouvir o evangelho, decide doar parte de sua riqueza aos pobres e indenizar quatro vezes qualquer um a quem tenha prejudicado financeiramente. Jesus o considerou "filho de Abraão".

SEGUNDA LEITURA
A ESTRUTURA

21

A SEGUNDA LEITURA ADENTRA A ESTRUTURA DO TEXTO. AQUI, vamos nos deter em um dos assuntos que compõem o livro e observar mais detidamente como o autor constrói sua narrativa ou argumentação, observando questões como:

- Qual a situação em que o texto está inserido?
- Quais cenas compõem a história, ou que tópicos compõem a carta que você está lendo?
- Quais são os conflitos presentes no texto?
- Em que lugar do texto encontramos o clímax da narrativa ou da argumentação?
- De que maneira o autor conduz o texto para a resolução do conflito?
- Qual é o desfecho dessa resolução?

A seguir, vamos analisar dois textos de naturezas diferentes: uma narrativa, ilustrada pela história de Gideão, e uma argumentação, exemplificada pela Segunda Carta de Paulo a Timoteo.

EXEMPLO 1: GIDEÃO

Em Juízes 6—8, encontramos a história de Gideão. Segundo os estágios da estrutura narrativa, vistos no capítulo 11, podemos esboçar a história de Gideão da seguinte maneira:

Situação: Os israelitas, mais uma vez, fazem algo reprovável para o Senhor, e são dominados pelos midianitas. Deus escolhe Gideão para derrotar os inimigos (6:1-14).

Conflito: Gideão questiona o chamado do Senhor e lhe pede um sinal claro (6:15-24).

Intensificação do conflito: Gideão questiona o Senhor mais duas vezes (totalizando três), pedindo em cada ocasião um sinal. Deus atende ao pedido, mas testa Gideão também três vezes. Gideão também atende ao Senhor (6:25—7:15).

Clímax: Gideão e trezentos homens vão à guerra sem nenhum armamento. Eles portam apenas trombetas, jarros e tochas (7:16-21).

Resolução do conflito: O Senhor faz com que os homens do acampamento inimigo se voltem uns contra os outros. Assim, os midianitas são derrotados (7:22-25).

Desfecho: A vitória sobre os midianitas é creditada a Deus, e Gideão é reconhecido como juiz (8:1-3).

A história de Gideão nos propõe uma pergunta: é lícito testar Deus, pedindo provas, em vez de lhe obedecer sem questionar? A Bíblia deixa claro que não podemos testar Deus: "Não ponham à prova o SENHOR, o seu Deus" (Lucas 4:12; cf. Deuteronômio 6:16).

Mas por que, no caso do cético Gideão, Deus lhe dá ouvidos? É preciso examinar a estrutura narrativa para entender os três pedidos de Gideão e notar que também Deus lhe aplica três testes. O autor espelha os três pedidos com os três testes da seguinte forma:

TABELA 2

PEDIDOS	1 Gideão questiona o Senhor e pede um sinal. Deus atende com o sinal do fogo no altar (6:25-35).	2 Gideão questiona o Senhor novamente e pede mais um sinal. Deus atende com o sinal da lã molhada de orvalho em um chão seco (6:36-38).	3 Gideão questiona o Senhor pela terceira vez e pede outro sinal. Deus atende com o sinal do chão coberto de orvalho em volta da lã seca (6:39,40).
TESTES	1 Deus ordena que Gideão dispense os homens que estão com medo. Dos 32 mil alistados, sobram 10 mil (7:1-3).	2 Deus ordena que Gideão dispense os homens que se ajoelhassem para beber água. Dos 10 mil, sobram apenas 300 (7:5-8).	3 Deus ordena que Gideão vá ao acampamento dos midianitas para ouvir o que os inimigos diziam (7:9-15).

Muitos leem essa história maravilhosa, mas, por não repararem em sua estrutura, não percebem que o autor põe os pedidos de Gideão em paralelo com os testes aplicados por Deus. Quando prestamos atenção à estrutura do texto, percebemos o tom irônico do autor. Ele mostra como seria terrível para nós se Deus pudesse ser colocado à prova por todo aquele que duvidasse dele. Ou seja, o autor está nos ensinando o que não devemos fazer: praticar esse jogo perigoso de pedir provas para Deus quando já se ouviu a voz dele. Assim, antes de colocarmos Deus à prova, devemos voltar à história e perceber que o Senhor vai até o limite com Gideão para lhe mostrar quem estava vencendo a guerra. A fim de lhe mostrar isso, Deus desarma o exército de Israel e ainda o reduz a trezentos homens — e estes vencem! Esta é a lição que devemos aprender: não devemos pôr Deus à prova, porque ele é vitorioso em qualquer situação.

EXEMPLO 2: PAULO E TIMÓTEO

É um pouco mais difícil estruturar textos argumentativos, como as cartas do Novo Testamento, mas não é algo impossível. Tendo em mente a estruturação do texto, ficará mais fácil entender o pensamento do autor. Vejamos o exemplo de 2Timóteo 1:3-12:

> Dou graças a Deus, a quem sirvo com a consciência limpa, como o serviram os meus antepassados, ao lembrar-me constantemente de você, noite e dia, em minhas orações. Lembro-me das suas lágrimas e desejo muito vê-lo, para que a minha alegria seja completa. Recordo-me da sua fé não fingida, que primeiro habitou em sua avó Loide e em sua mãe, Eunice, e estou convencido de que também habita em você. Por essa razão, torno a lembrá-lo de que mantenha viva a chama do dom de Deus que está em você mediante a imposição das minhas mãos. Pois Deus não nos deu espírito de covardia, mas de poder, de amor e de equilíbrio.
>
> Portanto, não se envergonhe de testemunhar do Senhor, nem de mim, que sou prisioneiro dele, mas suporte comigo os meus

sofrimentos pelo evangelho, segundo o poder de Deus, que nos salvou e nos chamou com uma santa vocação, não em virtude das nossas obras, mas por causa da sua própria determinação e graça. Essa graça nos foi dada em Cristo Jesus desde os tempos eternos, sendo agora revelada pela manifestação de nosso Salvador, Cristo Jesus. Ele tornou inoperante a morte e trouxe à luz a vida e a imortalidade por meio do evangelho. Desse evangelho fui constituído pregador, apóstolo e mestre. Por essa causa também sofro, mas não me envergonho, porque sei em quem tenho crido e estou bem certo de que ele é poderoso para guardar o que lhe confiei até aquele dia.

Vamos identificar os elementos da narrativa:

Situação: Timóteo enfrentava problemas na igreja e na liderança.

Conflito: O medo e a covardia atrapalhavam a chama do dom do Espírito (1:6,7).

Intensificação do conflito: Paulo convida Timóteo a suportar o sofrimento do evangelho com poder, amor e equilíbrio do Espírito (1:7,8).

Clímax: A santa vocação de Timóteo não foi resultado de suas obras, mas da vontade de Deus e da graça em Cristo Jesus desde os tempos eternos (1:9).

Resolução do conflito: Jesus derrotou a morte e trouxe à luz a vida por meio do evangelho. É nessa realidade que ocorre o chamado de Timoteo (1:10,11).

Desfecho: Paulo sofre por causa do evangelho, mas não sente vergonha, porque sabe em que tem crido (1:12).

Essa é a última carta que temos de Paulo. Quando a lemos por inteiro, percebemos que seu principal propósito é pedir ao jovem Timóteo que se una logo a Paulo, em Roma (4:9,21), levando alguns itens pessoais e pedindo que o evangelista Marcos vá junto com ele (4:11,13). Quem está levando a carta é Tíquico (4:12), que provavelmente vai ficar pastoreando na ausência de Timóteo. O fato de o inverno já estar se aproximando (4:21) e de as audiências preliminares de seu julgamento já terem acontecido (4:16) confere um ar de urgência e tensão em toda a carta.

Entendendo que estava no fim da vida, Paulo escreve a seu jovem e promissor discípulo sobre o privilégio que eles têm de receber a santa vocação de Deus para pastorear a igreja. Perceba que você pode facilmente se perder nesse trecho da carta, uma vez que ela contém diversas frases fortes, e cada uma delas permite extrair lições poderosas. Mas, quando você estrutura a perícope toda, fica muito mais clara a linha de pensamento do apóstolo e a lição principal.

Como vou destacar mais à frente, o clímax é a porta de entrada na interpretação do texto, e é nessa parte que Paulo fala da santa vocação que vem da vontade de Deus por meio da graça de Jesus. O apóstolo destaca isso sabendo que, por estar preso, muitos já o haviam abandonado por não desejarem associar-se a um condenado. E talvez o próprio Timóteo pudesse ficar com medo de ir visitá-lo. Não é à toa que, no conflito inicial, aparecem as palavras "medo" e "covardia", e Paulo diz que isso tudo atrapalha no chamado do dom do Espírito. Como Paulo faz em suas outras cartas, aqui ele é cristocêntrico, resolvendo essa questão do medo e da covardia com a morte e a ressurreição de Cristo, e mostrando que nele podemos seguir nossa santa vocação com coragem.

Podemos entender melhor a estruturação de textos argumentativos analisando o clímax, o ponto central do livro.

SEGUNDA LEITURA
O CLÍMAX

22

O CLÍMAX É O PONTO ALTO DA HISTÓRIA, O LUGAR PARA O QUAL o conflito se encaminha. Em uma narrativa, é o momento de prender a respiração, ao nos perguntarmos: "O que vai acontecer agora?". Em um texto argumentativo, é o ponto no qual o autor apresenta sua ideia central, e você tem de concordar com ele ou discordar dele. Por isso, é preciso identificar o clímax da história ou da argumentação para interpretar o que diz o texto em sua totalidade.

Como encontrar o clímax de um texto? Devemos procurar pelo seu coração, ou seja, a parte principal. Se o texto que estamos lendo for uma narrativa, devemos buscar aquela parte da história que nos tira o fôlego, cujo desdobramento será decisivo para o conflito. Caso seja um texto dissertativo, devemos reparar na argumentação mais forte do autor, aquela que coloca Deus como protagonista da solução.

Todos os assuntos nos quais o livro se divide têm seu clímax, e cabe a você descobrir onde ele se encontra no trecho em estudo. É a partir do clímax do assunto que fazemos a interpretação de todo o trecho, pois o que vem antes culmina no clímax, e o que vem depois decorre dele.

Algumas perguntas que o ajudarão a fazer isso:

- Qual é a questão envolvida no clímax?
- Qual é a crise relacionada com o clímax?
- Quais valores o clímax requer que sejam mudados?

Para praticar o foco no clímax, vamos aumentar o zoom nos exemplos apresentados anteriormente.

EXEMPLO 1: GIDEÃO

Em Juízes 7:16-21, lemos o clímax da história de Gideão: o momento no qual ele e trezentos soldados enfrentam sem armas o exército midianita.

> Dividiu os trezentos homens em três companhias e pôs nas mãos de todos eles trombetas e jarros vazios, com tochas dentro. E ele lhes disse: "Observem-me. Façam o que eu fizer. Quando eu chegar à extremidade do acampamento, façam o que eu fizer. Quando eu e todos os que estiverem comigo tocarmos as nossas trombetas ao redor do acampamento, toquem as suas, e gritem: Pelo SENHOR e por Gideão!"
>
> Gideão e os cem homens que o acompanhavam chegaram aos postos avançados do acampamento pouco depois da meia-noite, assim que foram trocadas as sentinelas. Então tocaram as suas trombetas e quebraram os jarros que tinham nas mãos; as três companhias tocaram as trombetas e despedaçaram os jarros. Empunhando as tochas com a mão esquerda e as trombetas com a direita, gritaram: "À espada, pelo SENHOR e por Gideão!" Cada homem mantinha a sua posição em torno do acampamento, e todos os midianitas fugiam correndo e gritando.

Podemos destacar os seguintes pontos dessa passagem:

- é impossível, com apenas trezentos homens, derrotar um exército "numeroso como nuvens de gafanhotos" (v. 12);
- é impossível derrotar um exército inteiro sem fazer uso de armas;
- os trezentos homens confiaram a vida a Deus e Gideão.;
- Deus deu vitória aos seus, confundindo o exército inimigo e levando-o a se autodestruir.

Depois de identificar o clímax, não devemos achar que já entendemos tudo. Não tenha pressa. É preciso levantar os pontos que chamam a atenção e destacar os que são mais importantes para o texto. Ao destrinchar esses pontos, mergulhamos no texto, a fim de que a sabedoria de Deus seja aplicada à nossa vida.

EXEMPLO 2: PAULO E TIMÓTEO

Em 2Timóteo 1:8-10, lemos:

> Não se envergonhe de testemunhar do Senhor, nem de mim, que sou prisioneiro dele, mas suporte comigo os meus sofrimentos pelo evangelho, segundo o poder de Deus, que nos salvou e nos chamou com uma santa vocação, não em virtude das nossas obras, mas por causa da sua própria determinação e graça. Essa graça nos foi dada em Cristo Jesus desde os tempos eternos, sendo agora revelada pela manifestação de nosso Salvador, Cristo Jesus. Ele tornou inoperante a morte e trouxe à luz a vida e a imortalidade por meio do evangelho.

O clímax da argumentação de Paulo pode ser dividido nos seguintes pontos:

- o poder de Deus faz Paulo suportar qualquer sofrimento;
- Deus salvou e chamou os seus para a santa vocação;
- as pessoas não são salvas e chamadas por causa de suas obras, mas pela determinação e graça de Deus;
- a graça de Deus foi dada em Cristo Jesus desde os tempos eternos, sendo revelada pela manifestação do Salvador, Cristo Jesus.

Repare que, nessa estruturação, dividi os versículos que compõem o texto em tópicos. Muitas vezes, a estrutura do texto já está pronta, subdividida em frases e parágrafos. Temos apenas de notá-la.

EXEMPLO 3: O HOMEM RICO E ZAQUEU

Em Lucas 18:23-25, lemos o clímax do episódio em que um homem rico se apresenta a Jesus e é exortado a deixar suas riquezas e seguir o Mestre:

Ouvindo isso, ele ficou triste, porque era muito rico. Vendo-o entristecido, Jesus disse: "Como é difícil aos ricos entrar no Reino de Deus! De fato, é mais fácil passar um camelo pelo fundo de uma agulha do que um rico entrar no Reino de Deus".

O trecho pode ser estruturado nos seguintes itens:

• o homem ficou triste com o convite porque era rico;
• Jesus observou que é mais fácil passar um camelo pelo fundo de uma agulha do que um rico entrar no Reino de Deus.

Na sequência dessa cena há o episódio de Zaqueu. O clímax desse encontro entre o publicano e Jesus é narrado em Lucas 19:8-9:

Zaqueu levantou-se e disse ao Senhor: "Olha, Senhor! Estou dando a metade dos meus bens aos pobres; e se de alguém extorqui alguma coisa, devolverei quatro vezes mais".

Jesus lhe disse: "Hoje houve salvação nesta casa! Porque este homem também é filho de Abraão. Pois o Filho do homem veio buscar e salvar o que estava perdido".

Podemos estruturar esse trecho nos seguintes tópicos:

• Zaqueu se propôs dar voluntariamente a metade dos seus bens aos pobres, e a restituir em quatro vezes qualquer pessoa que ele tivesse extorquido;
• diante da decisão de Zaqueu, Jesus afirmou que ali houve salvação, e que o publicano também era filho de Abraão.

Comparando o clímax das duas histórias, vemos os caminhos diferentes que os homens tomaram: o homem rico, que se mostrava zeloso da lei, ficou triste ao ouvir as palavras de Jesus por causa das grandes riquezas que tinha. Já o publicano Zaqueu, que era considerado pecador por causa de sua profissão, voluntariamente se desfaz de metade de seus bens depois de ouvir Jesus. Outro contraste é a declaração que Jesus faz a cada um deles. A respeito do homem rico, ressalta a dificuldade de um rico entrar no Reino de Deus. A respeito de Zaqueu, afirma que a salvação havia entrado em sua casa.

Quando compreendemos o clímax de uma história, a interpretação e o assunto principal daquele trecho se tornam mais claros, e somos capazes de comparar seções, encontrando paralelos. Desse modo, adquirimos autoridade sobre o que lemos e ensinamos aos outros.

TERCEIRA LEITURA
OS HIPERLINKS

23

V AMOS RECAPITULAR NOSSA METODOLOGIA. NA PRIMEIRA leitura, lemos o livro por completo, tendo em mente o contexto histórico e literário, e buscando dividir o texto nos assuntos principais. Na segunda leitura, concentramo-nos em um desses assuntos e o estruturamos. Nessa etapa, buscamos o clímax da narrativa, pois, a partir dele, fazemos o corte para entrar na interpretação.

Na terceira leitura, montamos o mosaico, identificamos os tipos de hiperlinks (citação, alusão ou eco; cf. cap. 14) que o autor colocou na perícope que será estudada, analisamos as funções do paralelismo que os hiperlinks estão exercendo e, então, interpretamos o texto para aplicá-lo nos dias de hoje.

Não se prenda à ideia equivocada de que a perícope corresponde a um capítulo. A perícope é a menor unidade de texto que tem sentido completo, e as Bíblias modernas costumam dividir os capítulos em perícopes encabeçadas por um título. Essas subdivisões variam de uma edição para outra. Elas não faziam parte dos manuscritos originais (assim como a divisão em capítulos e versículos). No entanto, ao selecionar uma perícope, você pode aproveitar as subdivisões, pois elas geralmente correspondem a uma perícope, o que lhe permite entender o texto e interpretar os hiperlinks.

Vejamos, por exemplo, as subdivisões de João 1 na versão Almeida Revista e Atualizada. Nesse capítulo, há perícopes para estudar:

- a encarnação da Palavra (v. 1-14);
- o testemunho de João Batista (v. 15-18);
- João Batista repete seu testemunho (v. 19-28);

- João Batista torna a repetir seu testemunho (v. 29-31);
- o batismo de Jesus (v. 32-34);
- dois discípulos de João Batista seguem Jesus (v. 35-42);
- Filipe e Natanael (v. 43-51).

O objetivo inicial da terceira leitura é localizar hiperlinks entre a perícope e o restante do livro ou das Escrituras. Para isso, sugiro que você faça três perguntas:

- O autor está citando outro texto?
- O autor está fazendo alusão a outra passagem?
- O autor está ecoando alguma história anterior (no caso do Novo Testamento, geralmente se trata de uma situação do Antigo Testamento)?

Veremos a seguir três exemplos de como encontrar os hiperlinks no texto.

EXEMPLO 1: REFERÊNCIAS À CRIAÇÃO NOS SALMOS

Observe o clímax do salmo 36:

> Como é precioso o teu amor, ó Deus!
> Os homens encontram refúgio à *sombra das tuas asas*.
> Eles se banqueteiam na fartura da *tua casa*;
> tu lhes dás de beber do teu *rio de delícias*.
> Pois em ti está a *fonte da vida*;
> graças à tua luz, *vemos a luz* (v. 7-9).

Para mim, os trechos destacados fazem claras referências aos capítulos 1 e 2 de Gênesis:

- a expressão "sombra das tuas asas" refere-se ao Espírito de Deus quando paira sobre a face das águas;

- a menção à "tua casa" não remete apenas ao Templo, mas também ao Éden, ao lugar de Deus;
- a palavra "delícias" é o plural do termo hebraico "Éden"; e o termo "rio" mostra que há, no jardim, água para beber — o manancial de vida e luz que enxergamos;
- quanto à "fonte da vida", o capítulo 2 de Gênesis menciona uma fonte de água da vida que se desdobra em quatro rios;
- por último, "vemos a luz" se refere à luz criada no quarto dia. Deus é luz e cria a luz.

Os hiperlinks do salmista fazem eco, ou mesmo aludem, aos dois primeiros capítulos de Gênesis, falando sobre elementos presentes no momento da Criação.

EXEMPLO 2: REFERÊNCIAS AO DEUS ÚNICO EM 1CORÍNTIOS

Uma breve passagem na Primeira Carta de Paulo aos Coríntios contém uma alusão muito importante:

> Para nós, porém, há *um único Deus*, o Pai, de quem vêm todas as coisas e para quem vivemos; *e um só Senhor, Jesus Cristo*, por meio de quem vieram todas as coisas e por meio de quem vivemos (1Coríntios 8:6).

Nesse texto, Paulo alude a Deuteronômio 6:4,5:

> Ouça, ó Israel: *O Senhor, o nosso Deus, é o único Senhor*. Ame o Senhor, o seu Deus, de todo o seu coração, de toda a sua alma e de todas as suas forças.

Essa oração litúrgica judaica era lida três vezes por dia. Não havia outra oração mais repetida por um judeu. Por isso, ao escrever sua carta, Paulo faz alusão a ela, e define Jesus não como uma pluralidade de Deus, mas como um só com Deus.

EXEMPLO 3: REFERÊNCIAS A BANQUETE EM LUCAS

No Evangelho de Lucas, encontramos a parábola do grande banquete. Destacamos aqui o versículo final:

> Eu digo a vocês: Nenhum daqueles que foram convidados provará do meu *banquete* (14:24).

O hiperlink é o próprio banquete. Paulo usa esse termo quando fala sobre a ceia do Senhor: "Quando vocês se reúnem, não é para comer a *ceia* [banquete] do Senhor" (1Coríntios 11:20). Em Salmos, a palavra "banquete" também está presente: "Preparas um *banquete* para mim à vista dos meus inimigos" (Salmos 23:5). Por último, encontramos esse hiperlink em Apocalipse: "Venham, reúnam-se para o grande *banquete* de Deus" (Apocalipse 19:17).

Em Lucas, Jesus não conta a parábola do grande banquete só porque estava participando de um, decidindo, então, fazer uma analogia com o evento. Ele tinha ouvido e lido várias histórias na Bíblia hebraica que falavam de banquetes. Os judeus costumavam oferecer grandes banquetes em comemorações familiares, em datas religiosas ou para celebrar algum feito divino. Aliás, todos os sábados eram comemorados com um pequeno banquete, retratado no Antigo Testamento como "festa" ou "ceia". O banquete é um hiperlink presente desde as primeiras refeições dos patriarcas até o livro de Apocalipse.

TERCEIRA LEITURA
A INTENÇÃO DO AUTOR
NOS HIPERLINKS

24

DEPOIS DE IDENTIFICAR OS HIPERLINKS, CABE ENTENDER O papel deles no texto. É um equívoco nos concentrarmos no hiperlink — buscando a referência da citação, da alusão ou do eco — e esquecermos que o texto tem seu sentido próprio e objetivo.

Na análise dos hiperlinks, devemos lembrar os quatro tipos mais comuns de paralelismo: analogia, contraste, complemento e sequência (cf. capítulo 13). Tenha em mente que os autores bíblicos, ao montarem seu mosaico com peças de histórias e ensinos de outros autores bíblicos, às vezes o fazem através de analogia, outras vezes, através do contraste de histórias. O hiperlink também pode servir como complemento para um ensino ou como sequência e consequência de algum ensino teológico da Palavra de Deus.

Na terceira leitura, focada na perícope, surge um questionamento: qual é a intenção do autor ao inserir hiperlinks no texto? Essas perguntas o ajudarão a não interpretar o hiperlink em vez de interpretar o texto:

- Por que o autor está citando especificamente esse texto?
- Qual é o contexto completo do hiperlink?
- O que o autor mudou ou acrescentou ao inserir esse hiperlink?
- Esse hiperlink serve de analogia, contraste, complemento ou sequência?
- O que o hiperlink ampliou no entendimento do texto que estou lendo?

Vou reaproveitar os três exemplos apresentados no capítulo anterior para mostrar por que o autor usou os hiperlinks destacados.

Naturalmente, eles serão explicados com base em minha interpretação particular.

EXEMPLO 1: REFERÊNCIAS À CRIAÇÃO NOS SALMOS

A intenção do salmista era trazer à memória a grandeza de Deus no ato da Criação (Gênesis 1 e 2). Desse modo, ele amplia o entendimento do seu leitor acerca do poder e da benignidade de Deus.

O salmista tem como propósito exaltar o Altíssimo, lembrando-nos de que ele é o Criador. Essas referências foram inseridas no meio do poema, para que seus leitores se recordassem daquele que criou o universo e a humanidade.

EXEMPLO 2: REFERÊNCIAS AO DEUS ÚNICO EM 1CORÍNTIOS

A oração a que Paulo alude em sua Carta aos Coríntios é a mais comum e repetida da Torá. Como os cristãos não costumam fazer essa oração três vezes ao dia, pode haver dificuldade em captar a alusão de Paulo. Porém, seria uma referência bem evidente para o leitor do século 1.

Essa oração constitui a profissão de fé central do monoteísmo judaico, mas aqui Paulo a usa para mostrar que Jesus é um com Deus e Senhor de todas as coisas. No Deus único, podemos ver *tanto* o Criador do mundo como o Redentor da humanidade.[43]

EXEMPLO 3: REFERÊNCIAS A BANQUETE EM LUCAS

Em toda a Bíblia hebraica, e também no Novo Testamento, vemos a palavra "banquete" ou "ceia" como representação da Terra Prometida, da provisão de Deus na vida eterna e da fartura do Éden. Com esse hiperlink, Jesus mostrar que só participarão dessa festa aqueles que o reconhecem como Senhor e aceitam seu convite.

---

[43]N. T. Wright, *Paulo para todos: 1 Coríntios* (Rio de Janeiro: Thomas Nelson Brasil, 2020).

PRATICANDO A METODOLOGIA DAS TRÊS LEITURAS

Chegou a hora de praticar a metodologia das três leituras. Como exercício proposto, será utilizado um texto de cada Evangelho, de Atos, de uma carta e do Apocalipse. Assim, você lerá boa parte do Novo Testamento e percorrerá todos os gêneros da nova aliança.

AS TRÊS LEITURAS EM MATEUS 28:18-20

- Primeira leitura do livro inteiro de Mateus com foco nos ASSUNTOS.
- Segunda leitura do assunto dessa perícope com foco na ESTRUTURA.
- Terceira leitura da perícope de Mateus 28:18-20 com foco nos HIPERLINKS.

DICAS

- Observe o foco de Mateus no ministério de Jesus antes da crucificação, e veja como esse foco está voltado aos judeus.
- Leia a perícope na versão *A mensagem* e destaque as diferenças observadas em relação à tradução que você utiliza.
- Localize no Antigo Testamento "ir a todas as nações" para abençoá-las.

AS TRÊS LEITURAS EM MARCOS 8:31-38

- Primeira leitura do livro inteiro de Marcos com foco nos ASSUNTOS.
- Segunda leitura do assunto dessa perícope com foco na ESTRUTURA.
- Terceira leitura da perícope de Marcos 8:31-38 com foco nos HIPERLINKS.

DICAS

- Observe a arquitetura textual: como Marcos escreveu seu Evangelho e o ponto de virada nos capítulos anteriores e posteriores a essa perícope escolhida.

- Atente para o papel importante de Pedro não só nessa perícope, como também no contexto literário próximo.
- Localize no Antigo Testamento a ideia do Messias que sofre e é rejeitado.

AS TRÊS LEITURAS EM LUCAS 1:46-55

- Primeira leitura do livro inteiro de Lucas com foco nos ASSUNTOS.
- Segunda leitura do assunto dessa perícope com foco na ESTRUTURA.
- Terceira leitura da perícope de Lucas 1:46-55 com foco nos HIPERLINKS.

DICAS

- Observe o paralelo entre Zacarias e Maria, e entre João e Jesus.
- Lucas é o evangelista que mais fala do Espírito Santo. Destaque as ocorrências da palavra "Espírito" no primeiro assunto do Evangelho.
- Localize no Antigo Testamento os vários hiperlinks que ecoam na oração de Maria.

AS TRÊS LEITURAS EM JOÃO 6:25-51A

- Primeira leitura do livro inteiro de João com foco nos ASSUNTOS.
- Segunda leitura do assunto dessa perícope com foco na ESTRUTURA.
- Terceira leitura da perícope de João 6:25-51a com foco nos HIPERLINKS.

DICAS

- Observe que o Evangelho de João registra apenas sete milagres, denominados de "sinais". O milagre da multiplicação dos pães ocorreu um pouco antes dessa perícope.

- Perceba que um dos conflitos da trama é o pedido de um sinal miraculoso a Jesus, que ele se recusa a fazer. Por quê?
- Localize no Antigo Testamento o episódio em que Deus fez descer pão do céu para alimentar o povo.

AS TRÊS LEITURAS EM ATOS 5:1-11

- Primeira leitura do livro inteiro de Atos com foco nos ASSUNTOS.
- Segunda leitura do assunto dessa perícope com foco na ESTRUTURA.
- Terceira leitura da perícope de Atos 5:1-11 com foco nos HIPERLINKS.

DICAS

- Identifique o primeiro assunto do livro de Atos. Por que Lucas inseriu essa narrativa aqui?
- Observe o paralelo que Lucas estabelece entre o Templo de Herodes e a reunião dos apóstolos e seguidores de Jesus.
- Localize no Antigo Testamento duas pessoas que morreram por pecar diante do Espírito do Senhor.

AS TRÊS LEITURAS EM COLOSSENSES 1:15-20

- Primeira leitura da carta inteira de Colossenses com foco nos assuntos.
- Segunda leitura do assunto dessa perícope com foco na estrutura.
- Terceira leitura da perícope de Colossenses 1:15-20 com foco nos hiperlinks.

DICAS

- Lembre-se da função dos poemas no texto bíblico.
- Descubra a função desse poema para a mensagem principal da Carta aos Colossenses.

- Paulo dispara uma rajada de alusões e ecos do Antigo Testamento para falar de Jesus. Identifique as principais referências e amplie seu entendimento sobre a exaltação de Jesus.

AS TRÊS LEITURAS EM APOCALIPSE 12:1-17

- Primeira leitura do livro inteiro de Apocalipse com foco nos assuntos.
- Segunda leitura do assunto dessa perícope com foco na estrutura.
- Terceira leitura da perícope de Apocalipse 12:1-17 com foco nos hiperlinks.

DICAS

- O propósito final da revelação de Apocalipse é mostrar que, apesar dos sofrimentos da igreja no final do primeiro século, Jesus venceu o inimigo e retornará triunfante.
- Repare que a narrativa é repetida duas vezes nessa perícope, uma complementando a outra, mas com a mesma mensagem, como é o costume no mosaico dos autores bíblicos.
- Encaixe a narrativa na grande revelação da Bíblia hebraica e do Novo Testamento, com um final de esperança para quem sofre.

Que Deus fale com você por meio dessa metodologia! Ela não é perfeita, mas espero que o auxilie na tarefa de entender a Bíblia com clareza e autoridade.

QUARTA PARTE

A APLICAÇÃO DA PALAVRA E O DEUS QUE SE REVELA

A ILUMINAÇÃO DO ESPÍRITO SANTO PARA UMA BOA INTERPRETAÇÃO

25

FALAMOS SOBRE A INSPIRAÇÃO EM CAPÍTULOS ANTERIORES, E agora pretendo abordar outro conceito bíblico: a iluminação. Sem a iluminação do Espírito Santo, é impossível interpretar a Palavra de Deus. Não importa a metodologia adotada: se não formos iluminados pelo Espírito Santo, não teremos a compreensão verdadeira do texto nem conseguiremos colocá-lo em prática.

> Especificamente, a doutrina da iluminação relaciona-se com aquele ministério do Espírito Santo que ajuda o crente a compreender a verdade das Escrituras. No que diz respeito à Bíblia, a doutrina da revelação relaciona-se com o desvendar da verdade no conteúdo das Escrituras; a inspiração diz respeito ao método pelo qual o Espírito Santo vigiou a composição das Escrituras, e a iluminação refere-se ao ministério do Espírito mediante o qual o significado das Escrituras é tornado claro ao crente.[44]

Basicamente, a iluminação do Espírito Santo consiste em acender a luz do entendimento para as coisas espirituais, para a grande revelação de Deus. Se a Bíblia é a Palavra de Deus e a revelação completa de Jesus e das coisas espirituais, então precisamos que alguém acenda a luz para que nossos olhos carnais enxerguem. Só o Espírito

---

[44]C. C. Ryrie, "Iluminação", in: Walter A. Elwell, org., *Enciclopédia histórico-teológica da igreja cristã* (São Paulo: Vida Nova, 2009), p. 305.

Santo pode acender essa luz. Por isso, não basta a boa preparação acadêmica: se não for pelo poder do Espírito Santo, não entenderemos com clareza a revelação das Escrituras, nem teremos autoridade para passar adiante nosso conhecimento.

A ILUMINAÇÃO DO ESPÍRITO SOB A PERSPECTIVA BÍBLICA

Há diversos textos bíblicos que dizem respeito a como o Espírito Santo ilumina os servos do Senhor para que compreendam sua Palavra. Destaco a seguir dois: um no Antigo e outro no Novo Testamento.

O SALMO DA ILUMINAÇÃO

Há vários salmos que falam do poder iluminador de Deus, como este: "Tu, SENHOR, manténs acesa a minha lâmpada; o meu Deus transforma em luz as minhas trevas" (18:28). Vou me ater, porém, ao salmo principal que revela com maestria essa função do Espírito Santo e a importância da Palavra de Deus: o salmo 119.

> Guardei no coração a tua palavra
> para não pecar contra ti (v. 11).

> Os teus mandamentos me tornam
> mais sábio que os meus inimigos,
> porquanto estão sempre comigo.
> Tenho mais discernimento
> que todos os meus mestres,
> pois medito nos teus testemunhos (v. 98,99).

> A explicação das tuas palavras ilumina
> e dá discernimento aos inexperientes (v. 130).

Em toda a coletânea do Saltério, percebemos a importância de Deus iluminar aqueles que o buscam. Torna-se evidente que essa iluminação é fundamental para dar discernimento, colocando o servo

do Senhor em um patamar acima dos mestres. Quando somos iluminados pelo Espírito Santo, vencemos o pecado, pois a Palavra é
como uma lâmpada que ilumina nossa caminhada.

A ILUMINAÇÃO SEGUNDO PEDRO

Um texto do apóstolo Pedro também mostra em que medida essa
iluminação é necessária:

> Foi a respeito dessa salvação que os profetas que falaram da graça des-
> tinada a vocês investigaram e examinaram, procurando saber o tem-
> po e as circunstâncias para os quais apontava o Espírito de Cristo que
> neles estava, quando predisse a vocês os sofrimentos de Cristo e as
> glórias que se seguiriam àqueles sofrimentos. A eles foi revelado que
> estavam ministrando, não para si próprios, mas para vocês, quando
> falaram das coisas que agora lhes são anunciadas por meio daqueles
> que pregaram o evangelho pelo Espírito Santo enviado dos céus; coi-
> sas que até os anjos anseiam observar (1Pedro 1:10-12).

Pedro diz que os profetas, pelo Espírito de Cristo, falaram acerca
do sofrimento que Jesus experimentaria na cruz, mas eles não entendiam o pleno significado disso. Os primeiros leitores do apóstolo, por outro lado, assim como nós, contemplaram toda a revelação
por meio da iluminação do Espírito, algo que até os anjos sonham
conhecer melhor.

Se os anjos, seres celestiais, anseiam por entender cada vez mais
o evangelho e não chegam ao fim, quanto mais nós, seguidores e
discípulos de Jesus devemos meditar nas Escrituras dia e noite!

E o que seria "meditar"? É a prática de repetir os versículos, refletir nos temas e nas estruturas do texto, para encaixar cada parte
nesse grande mosaico chamado drama das Escrituras, que revela o
evangelho e Jesus Cristo. Sempre que você ler a Bíblia, peça a Deus
que o ilumine, a fim de enxergar a verdadeira revelação em Jesus
Cristo.

ENCONTRANDO SEU PAPEL NO TEXTO

Passamos muito tempo aprendendo como nos aprofundar no texto bíblico, estudamos a forma de pensar dos autores da Bíblia, aprendemos sobre contexto cultural e literário e como aplicar a metodologia de forma precisa. Isso é importante, porém igualmente importante é saber voltar à superfície, para o aqui e agora, de posse daquilo que aprendemos na essência da mensagem. Se errarmos esse caminho de volta, de nada adiantará quão fundo mergulhamos na revelação de Deus. Esse esforço será inútil se não trouxermos à tona o sentido do texto para os dias de hoje e aplicá-lo ao nosso coração.

Algo que muitos fazem automaticamente — e por isso erram — é traçar um paralelo direto entre si e os personagens bíblicos. Sempre que lemos a Bíblia, principalmente uma narrativa, colocamo-nos imediatamente no papel de um personagem, sem pensar que podemos ser o outro, e assim deixamos de entender a mensagem de Deus para nós.

Por exemplo, na famosa parábola do bom samaritano (Lucas 10:25-37) há vários personagens: o homem que foi assaltado, os salteadores, o sacerdote, o levita e o bom samaritano. Você já parou para pensar que, dependendo daquele com quem você se identifica na história, a aplicação da parábola à sua vida pode mudar totalmente? No lugar de qual desses personagens você se colocaria?

Se você se vê de imediato como o bom samaritano, essa parábola não é para você, porque esse é o papel de Jesus em nossa vida. É lógico que esse personagem nos inspira a amar o próximo na prática, porém esse não é o propósito principal da parábola.

Se você se coloca no lugar do homem assaltado e deixado quase morto, vê a si mesmo como alguém desprovido de recursos, à mercê da boa vontade alheia. Esse também não é o propósito da parábola, embora seja verdade que estávamos mortos em nossos pecados e fomos resgatados por Cristo. No entanto, essa não é a aplicação que Jesus esperava de seu ouvinte.

O relato de Lucas começa assim: "Certa ocasião, um perito na Lei levantou-se para pôr Jesus à prova" (v. 25). A parábola é a resposta a um teste que os religiosos aplicaram a Jesus, e o Mestre está mostrando que se deve amar o próximo na prática: não deve ser apenas uma teologia ou um credo a se declarar. Por isso, eu e você devemos nos colocar no lugar dos religiosos, o sacerdote e o levita, que provavelmente iriam cumprir sua escala de serviço no Templo, em Jerusalém (por isso, Jesus menciona alguns lugares na parábola, o que não é habitual). Se eles tocassem em algum morto ou em sangue, teriam de fazer rituais de purificação durante vários dias e estariam impedidos de realizar o serviço a Deus no Templo.

Causa maior impacto saber que Jesus está confrontando nossa religiosidade e a falta de amor ao próximo na prática, o que tentamos justificar com a desculpa de que não amamos por estarmos servindo a Deus ou por outros motivos religiosos. Era isto que Jesus queria: confrontar os religiosos com essa parábola; mas esse propósito pode perder-se facilmente se nos colocarmos no papel errado.

Pelo fato de ter estudado teologia e de frequentar uma igreja desde a infância, vivo próximo da religião, das pregações e até mesmo da Bíblia como alguém que conhece do assunto e sabe o que quer ouvir. Isso estabelece um paralelo mais condizente entre mim e os fariseus do que com os discípulos ou os publicanos. Depois que entendi meu papel no texto, releio as Escrituras sob uma nova ótica e sempre me coloco no lugar dos fariseus. O texto é o mesmo, porém não faço mais a aplicação que fazia na infância: é algo novo. Estou encarnando outro personagem nessa história.

Em cada interferência arrogante dos religiosos, vejo uma parte de mim. Sinto dirigida a mim cada palavra mais ríspida que Jesus lhes dirige. Essa visão faz cada passo de minhas articulações metodológicas e religiosas conspirarem para colocar o Jesus do texto no único lugar possível: a cruz.

Tão importante quanto entender o texto é saber seu papel nele. Isso trará uma nova revelação da Palavra, e talvez você se surpreenda gritando do fundo de seu eu: "Crucifica-o! Crucifica-o!".

Mexendo em meus escritos dos mais de quinze anos que ensino hermenêutica e aplicação da Palavra, encontrei um poema que compus quando estava começando a reler as parábolas sob essa nova perspectiva. Não sou poeta, e o texto chega a ser simplista, mas, pelos hiperlinks de alusão, você perceberá onde me coloco em cada parábola.

MINHA VIDA É UMA PARÁBOLA

Sou o filho que foge de casa.
Sou a moeda não encontrada.
Sou solo pedregoso.
Sou um pouco de trigo e de joio.

Quando contou a minha história,
o menor grão virou árvore frondosa,
os talentos se multiplicaram,
as damas de companhia acordaram.

Bato no peito, pois reconheço que não presto.
Passei ao largo de quem precisava de afeto.
Minha triste história foi marcada por uma rinha,
pois matei o filho do senhor da vinha.

Quero vender tudo por esta pérola.
Quero acender a luz quando o noivo aparecer.
Quero bater à porta até a cidade toda acordar.
Quero aprender a sentar no último lugar.

Sou ovelha desgarrada do rebanho.
Sou filho que não quer perdoar.
Sou convidado que não aparece na festa.
Sou o que cobro centavos em vez de perdoar.

Mas ele encarou o deserto para me buscar.
Deu grande festa quando me encontrou.
Preparou o solo para minha vida transformar.
E me chamou de filho quando eu só o queria usar.

Antes de tudo, o Senhor já sabia minha história.
Narrou os detalhes em sabedoria e milagres.
Transformou minha miséria com graça e amor.
A parábola da minha vida glorificou o meu Senhor.

COMO TENHO CERTEZA DE QUE ESTOU APLICANDO O EVANGELHO?

Cometemos o erro de nos colocar no papel errado do texto por causa da tendência religiosa de ler a Bíblia como um livro moralizante, como um manual de conduta para a vida, como um livro do tipo pode/não pode. É claro que a Bíblia ensina valores morais para a humanidade caída no pecado, mas não é esse seu objetivo principal. Como já vimos em todo este livro, o objetivo principal da Palavra de Deus é revelar Jesus e o evangelho do Reino.

Lembro-me de uma palestra que ouvi em Águas de Lindoia, em 2004, na qual o pastor Tim Keller discorreu sobre os quatro princípios para a correta aplicação do evangelho quando se interpreta a Bíblia. Sugiro que você adote esses valores quando aplicar a Palavra de Deus à sua vida diária.

PRINCÍPIO 1: APLICAR O EVANGELHO HOJE É ENTENDER QUE A PALAVRA CRITICA TANTO A RELIGIÃO COMO A NÃO RELIGIÃO

Quando entendi que religião não é o mesmo que evangelho, minha visão de fé e minha leitura bíblica mudaram para sempre.

Há três maneiras de enxergar a revelação de Deus e aplicá-la à sua vida. A primeira, a maneira religiosa, diz: "Eu obedeço, logo sou aceito por Deus". Nesse caso, o movimento mais importante é obedecer e está focado no ser humano. A segunda é a da não religião, que diz: "Não tenho de obedecer a Deus nem a ninguém. Sou dono da minha vida e escrevo meu destino sozinho". Essa visão também está centralizada no ser humano e foi exatamente o que levou Adão e Eva a desobedecerem. A terceira é a do evangelho, que diz: "Sou aceito em Cristo, por isso obedeço a Deus". A ordem dos fatores aqui faz toda a diferença, assim como em toda a Bíblia. A centralidade está em Cristo, não em nós. O mosaico é construído com a imagem de Jesus, e ele fez na cruz o que não conseguiríamos fazer na eternidade. A obediência é nossa única resposta possível.

Ao aplicar as Escrituras à nossa vida, é fundamental seguir esse princípio, a fim de distinguir entre religião e não religião. Na religião do povo de Deus, há quem se considere discípulo de Cristo, mas é como os religiosos dos tempos de Jesus. Se você, como eu, cresceu no cristianismo, teve o privilégio de ouvir desde a infância os valores bíblicos, mas também pode ter desenvolvido a tendência de descambar para uma religiosidade igual à dos fariseus. Religiosos e não religiosos precisam entender que o evangelho não é mero moralismo: é a graça transformadora de Cristo agindo no ser humano por completo.

PRINCÍPIO 2: APLICAR O EVANGELHO É ASSEGURAR-SE DE QUE TANTO A SANTIDADE COMO O AMOR DE DEUS ESTÃO SENDO OBSERVADOS NO TEXTO E APLICADOS À NOSSA VIDA

Na religião, a ênfase é sempre na santidade. Na visão não religiosa, a ênfase é sempre no amor. No entanto, a pessoa e a mensagem de Cristo não descartam nenhum desses temas em detrimento do outro.

Ao conversar com amigos não religiosos que trabalham com justiça social, percebo que a grande mensagem que eles carregam é a do amor ao próximo, e não há como negar que esse é um dos pilares da mensagem de Jesus Cristo. Mas também vejo neles pouca preocupação com uma vida de santidade, em que Deus determina o que é certo ou errado no dia a dia.

Já quando converso com amigos da igreja ou quando ouço algumas mensagens pregadas por amigos pastores, percebo a ênfase na santidade. Da mesma forma, não há como negar que se trata de um valor bíblico fundamental, mas vejo que fica em segundo plano a mensagem do amor incondicional ao próximo e aos inimigos, e a mensagem da justiça ao pobre, à viúva, ao órfão e ao estrangeiro, pregada pelos profetas do Antigo Testamento e ressaltada por Jesus Cristo.

O Deus do evangelho é mais amoroso e mais santo que o deus da religião e do pensamento secular, e ele não quer que deixemos nenhum desses dois pilares de nossa fé para trás. Temos de garantir que tanto a santidade como o amor sejam observados na aplicação da Palavra de Deus.

PRINCÍPIO 3: APLICAR O EVANGELHO É RESOLVER OS PROBLEMAS DAS PESSOAS POR MEIO DE CRISTO E DO EVANGELHO, NÃO POR ESFORÇO MORAL

Geralmente, vemos três movimentos na aplicação da Bíblia:

1. entender o texto bíblico;
2. extrair uma lição moral;
3. aplicar a lição moral.

Esse tipo de aplicação é a mais óbvia, pois crescemos ouvindo histórias com moral, como a dos Três Porquinhos, que ensina a não ser descuidado ou preguiçoso; ou a da Chapeuzinho Vermelho, que ensina a ouvir os mais velhos e não buscar atalhos na vida. Grande parte das pregações também apresenta esses três movimentos, o que gerou uma igreja moralista.

Veja, por exemplo, como é pregada a história bíblica de Davi e Golias: Davi teve fé suficiente para derrotar o gigante e arriscou a vida para salvar o povo de Deus (primeiro movimento). A moral da história é que enfrentaremos os gigantes que blasfemam contra Deus, e que temos de enfrentá-los com fé (segundo movimento). Assim, na sua semana, enfrente os gigantes, sejam eles quais forem, mesmo que tudo indique que isso não é possível (terceiro movimento).

Esse tipo de aplicação, além de gerar uma fé mecânica e moralista, causa frustração quando, segundo a vontade de Deus, ainda não é tempo de vencer os gigantes. Essa aplicação põe o ser humano e suas ações no centro.

Na aplicação cristocêntrica, Cristo e o evangelho — não o esforço moral — ocupam o centro. Essa aplicação tem um total de cinco movimentos. Além dos três que já vimos, seguem-se:

4. a conscientização de que somos fracos e não conseguiremos vencer por esforço próprio;
5. a convicção de que Cristo já fez e que, então, eu também posso fazer por meio dele.

Esses movimentos restauram a centralidade de Cristo em nossa vida, pois o mosaico de nossa história aponta também para Jesus e seu evangelho. Reconhecer que não conseguimos vencer os gigantes de nossa vida é reconhecer nossa natureza caída no pecado. É saber que nem eu nem você, tampouco Davi, somos os heróis da história. A revelação de Deus tem apenas um herói, que é Jesus Cristo de Nazaré. Davi arriscou a vida para salvar o povo; o verdadeiro herói, Jesus, entregou a própria vida pelo povo em uma cruz. O processo de decepção com as próprias forças permite que o evangelho e o que Jesus fez na cruz sejam valorizados e que, assim, podemos obter a verdadeira vitória: "Eu me alegro também com as fraquezas, os insultos, os sofrimentos, as perseguições e as dificuldades pelos quais passo por causa de Cristo. Porque, quando perco toda a minha força, então tenho a força de Cristo em mim" (2Coríntios 12:10, NTLH).

PRINCÍPIO 4: APLICAR O EVANGELHO É APONTAR PARA JESUS, COMO FAZ O MOSAICO BÍBLICO

A finalidade da Bíblia não somos nós — nem eu nem você. Não é sobre Abraão, Moisés ou Davi, nem sobre a Lei mosaica, nem sobre o Templo de Salomão, nem sobre a etnia hebraica, nem sobre a vida dos apóstolos. A finalidade da Bíblia é revelar Jesus e seu evangelho, e essa verdade não pode ser esquecida na hora de aplicar a interpretação da Palavra. Não importa qual trecho da Bíblia você esteja lendo, nem se o gênero é narrativo, poético ou apocalíptico. Se você centralizar sua leitura em Cristo, sempre chegará a ele, o Messias esperado por seu povo.

O CÍRCULO VIRTUOSO DO CONHECIMENTO DA PALAVRA

Geralmente, nos livros comuns, quando entendemos a mensagem do autor, refletimos sobre ela e a aplicamos à nossa vida. Então, partimos para outro livro, para que possamos continuar aprendendo. Não é assim com a Bíblia. Por ser Palavra de Deus, o texto sagrado tem um tesouro inesgotável, que nem mesmo os anjos se cansam de buscar e de com ele se surpreender (1Pedro 1:12).

Tendemos a não gostar daquilo que não entendemos. Em 1998, fui morar nos Estados Unidos por um ano, e dividi um apartamento com um americano que amava assistir às partidas de futebol americano. Como eu nunca fora exposto àquele esporte nem entendia as regras, muito menos as estratégias, sempre murmurava: "Como você pode gostar tanto desse esporte sem sentido?". Meses depois, de tanto assistir aos jogos, ouvir sobre as regras e, principalmente, observar as estratégias aplicadas a cada situação, comecei a entender e me apaixonar por esse esporte. Hoje, décadas depois, ainda me vejo assistindo a partidas de futebol americano mais de uma vez por semana, participando de grupos de apaixonados pela NFL, assistindo a debates e tudo o mais.

É exatamente isso que acontecerá com você, agora que entendeu como os autores bíblicos pensavam e escreveram a Bíblia. Quanto mais você entende a Palavra de Deus, mais se apaixona por ela, e mais procura conhecê-la e entendê-la a cada dia. Logo acompanhará mestres biblistas nas redes sociais, participará de grupos apaixonados por leitura bíblica e se surpreenderá ao ler dezenas de vezes o mesmo texto e encontrar algo novo a cada leitura.

Este é o círculo virtuoso da boa interpretação: quanto mais você ler, mais entenderá; e, quanto mais entender, mais desejará ler e aprender. Pois, quanto mais se conhece a Deus, mais se percebe que há um depósito infinito de coisas a conhecer e desfrutar nesse Deus maravilhoso.

DEUS PAI E A INTERPRETAÇÃO

26

A LEITURA BÍBLICA LHE REVELARÁ MAIS DO DEUS TRINO, E quanto maior for o conhecimento que você tiver do mistério da Trindade, mais perceberá que sua busca por entendimento foi gerada pelo próprio Deus.

Nesta última parte, quero lhe mostrar, de forma sucinta, como o Deus Pai, o Deus Filho e o Deus Espírito nos guiam na compreensão da Palavra, uma jornada que não está acabando, mas simplesmente começando, até que Cristo volte.

Entre os incontáveis atributos de Deus, há pelo menos três características do Deus Pai que podemos ter em mente em nosso processo de ler, entender e aplicar a revelação em nossa vida. Assegurar-nos dessas verdades nos traz paz de espírito e tranquilidade.

O PAI CRIADOR

A primeira característica de Deus Pai pode ser vista no primeiro versículo da Bíblia: "No princípio Deus criou os céus e a terra" (Gênesis 1:1). Ele é o Criador. Esse atributo também é louvado no Saltério: "Os céus declaram a glória de Deus; o firmamento proclama a obra das suas mãos" (Salmos 19:1). No Novo Testamento, o apóstolo Paulo faz referência a essa característica divina: "Desde a criação do mundo, os atributos invisíveis de Deus, seu eterno poder e sua natureza divina, têm sido vistos claramente, sendo compreendidos por meio das coisas criadas, de forma que tais homens são indesculpáveis" (Romanos 1:20). Ainda sobre Deus apresentado como Criador no Novo Testamento, Wayne Grudem observa:

O fato de ter Deus criado os céus e a terra, e tudo o que neles há, é afirmado várias outras vezes no Novo Testamento. Por exemplo, Atos 4:24 fala de Deus como "Soberano Senhor, que fizeste o céu, a terra, o mar e tudo o que neles há". Uma das primeiras maneiras de identificar Deus é dizer que ele criou todas as coisas. Barnabé e Paulo explicam à plateia pagã em Listra que são mensageiros de um Deus vivo, que fez "o céu, a terra, o mar e tudo o que há neles" (At 14:15). Do mesmo modo, quando Paulo fala aos filósofos gregos pagãos em Atenas, ele identifica o Deus verdadeiro como o "Deus que fez o mundo e tudo o que nele existe" e diz que esse Deus "a todos dá vida, respiração e tudo mais" (At 17:24-25; cf. Is 45:18; Ap 10:6).[45]

Em suma, todas as coisas criadas têm a digital do Pai. A ordem, a beleza e a inteligência ao nosso redor proclamam que existe um Criador. Mesmo aqueles que afirmam não acreditar em um Criador são constantemente confrontados com o testemunho da criação ao seu redor.

O PAI QUE SE REVELA

Por ser o Criador, o Pai se revela de forma indireta na criação:

Toda a criação tem por meta revelar a glória de Deus. Mesmo a criação inanimada — as estrelas, o sol, a lua e o firmamento — dá testemunho da grandeza de Deus. [...]

O que a criação revela sobre Deus? Antes de tudo, mostra o grande poder e a grande sabedoria de Deus, bem acima de qualquer coisa que qualquer criatura possa imaginar. [...] Basta olhar de relance o sol ou as estrelas para se convencer do infinito poder de Deus. E mesmo uma breve inspeção em qualquer folha de árvore, ou no prodígio da mão humana, ou em qualquer célula viva,

---

[45] *Teologia sistemática* (São Paulo: Vida Nova, 2000), p. 199.

convence-nos da grande sabedoria divina. Quem poderia fazer tudo isso? Quem poderia fazê-lo do nada? Quem poderia sustentá-lo dia após dia, por incontáveis anos?[46]

Todo ser humano, ao olhar ao seu redor e contemplar a beleza da criação, bem como a ordem natural das coisas, entra em contato com a revelação divina. É importante termos ciência de que não somos os únicos a declarar que Deus existe. A criação faz isso desde o início do mundo.

No entanto, além de ser o Criador, Deus também se revela de forma intencional e especial. Ele se revelou a Abraão: "Saia da sua terra, do meio dos seus parentes e da casa de seu pai, e vá para a terra que eu lhe mostrarei" (Gênesis 12:1). Encontramos a mesma postura quando ele se apresentou a Moisés: "Eu Sou o que Sou. É isto que você dirá aos israelitas: Eu Sou me enviou a vocês" (Êxodo 3:14). E a todo o povo e Israel, ele manda dizer: "As coisas encobertas pertencem ao SENHOR, o nosso Deus, mas as reveladas pertencem a nós e aos nossos filhos para sempre, para que sigamos todas as palavras desta lei" (Deuteronômio 29:29).

Essa é outra característica que mostra nossa dependência de Deus Pai para entender a Bíblia e proclamar o evangelho. Ele se revelou ao longo da história e se revela a nós nos dias de hoje. E revelar-se foi decisão dele: não fomos nós que decidimos buscá-lo. Isso nos dá mais tranquilidade para proclamar sua Palavra. Também podemos descansar na ideia de que é do interesse de Deus que saibamos interpretar a Bíblia corretamente.

Meus alunos às vezes me perguntam se Deus não poderia facilitar o processo, enviando uma lista do que precisamos saber, em vez de se comunicar por diferentes gêneros literários, como cartas, narrativas e poesia. Para eles, essa variedade dificulta o processo de aprendizagem da revelação. Eu lhes digo que Deus se revelou dessa

---

[46]Grudem, p. 206.

forma por ser a melhor maneira de se revelar. Deus está no controle de sua revelação. Em vez de debatermos sobre como Deus decidiu revelar-se, nos alegremos ao saber que ele tem a intenção de se revelar a nós.

O PAI DE AMOR

A última característica de Deus Pai, que é importante para você entender sua Palavra, é o amor. No encerramento dos cultos de tradição reformada, costumamos dizer: "Que o amor de Deus Pai seja com todo o povo de Deus!".

Talvez você conheça o emblemático versículo que diz "Deus é amor" (1João 4:8). Mas João não foi o único nem o primeiro a declarar essa verdade. Ela perpassa toda a Bíblia. O Pai é um Deus que ama, como revelam alguns textos:

> Deem graças ao Senhor, porque ele é bom. O seu amor dura para sempre! (Salmos 136:1)

> O Senhor lhe apareceu no passado, dizendo: "Eu a amei com amor eterno; com amor leal a atraí" (Jeremias 31:3).

> Nós amamos porque ele nos amou primeiro (1João 4:19).

É comum a visão de que o Deus do Antigo Testamento é severo e o Deus do Novo Testamento é Jesus em amor. Mas apenas quem não leu a Bíblia por completo e não entendeu o mosaico que aponta para Jesus pode pensar assim. O Deus de amor revelado em Jesus de forma clara é mostrado em todo o Antigo Testamento. Esse Deus não ama apenas os que buscam uma interpretação melhor, mas todos os seus. E ele levará até você pessoas que ele ama, de modo que você lhes explique o que lhe foi revelado.

Em suma, a singularidade de um Deus que ama incondicionalmente torna a mensagem das boas-novas praticamente irresistível aos seres humanos. No período bíblico, todos os deuses se relacionavam com as pessoas em troca de adoração, por vingança ou por motivos partidários. Só o Deus de Israel se revela como amor infinito, como um Deus que amou primeiro. Isso nos dá mais segurança em nossa interpretação. Por isso, precisamos de Deus Pai. Ele é fundamental na tarefa de interpretar a Palavra de Deus e na obtenção de clareza e autoridade para proclamar nossa fé ao próximo.

DEUS FILHO E A INTERPRETAÇÃO

27

O PAPEL DO DEUS FILHO TAMBÉM É FUNDAMENTAL NA TAREFA de interpretar a Palavra de Deus. Como vimos, toda a Bíblia aponta para Jesus. Quando compreendemos Jesus, compreendemos a Palavra.

Destaco a seguir três figuras que a Bíblia constrói, em toda a sua extensão, em torno da pessoa de Jesus. A Palavra forma um mosaico de imagens e histórias construído para revelar o Deus Filho como a encarnação do amor e nossa salvação.

JESUS, O UNGIDO

A primeira figura de Cristo que a Bíblia constrói é a de ungido de Deus. Na história bíblica, os reis, os sacerdotes e alguns profetas eram ungidos (cf. Êxodo 3:30; 1Samuel 15:1). O rei era a figura representativa de Deus na terra; e o sacerdote, o representante dos homens diante de Deus. Adão e Eva incorporavam essas duas figuras, pois exerciam uma espécie de sacerdócio real (expressão muito utilizada em toda a Palavra de Deus) para toda a criação. Deus concedeu ao ser humano essa autoridade quando nos criou à sua imagem e à sua semelhança. No entanto, o reinado e o sacerdócio como dom natural foram perdidos na Queda. Contudo, a expectativa *messiânica* (simbolizada pela imagem do "ungido" no Antigo Testamento; e do "messias" no Novo Testamento) percorre toda a Bíblia e é concretizada em Jesus.

Na revelação progressiva da Bíblia, nós vemos a figura do ungido ganhando contorno:

Assim você os consagrará, para que me sirvam como sacerdotes [...] Unja-o com o óleo da unção, derramando-o sobre a cabeça (Êxodo 29:1,7).

Quanto a você [Davi], sua dinastia e seu reino permanecerão para sempre diante de mim; o seu trono será estabelecido para sempre (2Samuel 7:16).

O SENHOR disse ao meu Senhor: "Senta-te à minha direita até que eu faça dos teus inimigos um estrado para os teus pés" (Salmos 110:1).

Um menino nos nasceu, um filho nos foi dado, e o governo está sobre os seus ombros. E ele será chamado Maravilhoso Conselheiro, Deus Poderoso, Pai Eterno, Príncipe da Paz" (Isaías 9:6).

Esses versículos e dezenas de outras passagens mostram que o povo de Israel estava aguardando o rei que Deus mandaria, o verdadeiro Ungido, o verdadeiro Sacerdote-Rei. Essa era a expectativa nos tempos de Jesus. Foi por isso que tentaram proclamá-lo rei. Mas ele mostrou que era um rei diferente. Ele veio reinar nos corações. Ele não era apenas o rei de Israel, mas de toda a criação. No entanto, Jesus nunca negou ser o Ungido, o Rei-Sacerdote, o Messias, o Cristo que todos esperavam.

Jesus é o único e definitivo Rei-Sacerdote. Ele reina sobre nossa vida e sobre toda a criação. Ele é o protagonista de todas as histórias — não só das narrativas bíblicas, mas também da história de cada um de nós. O mosaico bíblico que aponta para Jesus é também um mosaico de nossa vida. Quando olhamos para trás, percebemos que Deus foi construindo os detalhes e padrões em nossa trajetória, com o fim de revelar Jesus por meio de nós, nosso rei e mediador para com o Pai.

JESUS, O SACRIFÍCIO DEFINITIVO

A segunda figura de Jesus importante para nosso entendimento da Bíblia é a do cordeiro pascal. Essa figura começa a ser construída às vésperas da saída do povo de Deus do Egito:

> O animal escolhido será macho de um ano, sem defeito, e pode ser cordeiro ou cabrito. [...] Este dia será um memorial que vocês e todos os seus descendentes celebrarão como festa ao SENHOR. Celebrem-no como decreto perpétuo (Êxodo 12:5,14).

A ideia se repete no Novo Testamento:

> No dia seguinte João viu Jesus aproximando-se e disse: "Vejam! É o Cordeiro de Deus, que tira o pecado do mundo!" (João 1:29).

> Livrem-se do fermento velho, para que sejam massa nova e sem fermento, como realmente são. Pois Cristo, nosso Cordeiro pascal, foi sacrificado (1Coríntios 5:7).

> Cristo foi oferecido em sacrifício uma única vez, para tirar os pecados de muitos (Hebreus 9:28).

Desde o início das Escrituras, um animal inocente e sem mácula é sacrificado pelos pecados que o ser humano comete. Porém, o sacrifício não tinha aspecto definitivo, pois tinha de ser repetido periodicamente. Por essa razão, criou-se no Antigo Testamento a expectativa de que um dia o verdadeiro Cordeiro viria remover o pecado de uma vez por todas, reabrindo o acesso ao Éden, à presença de Deus. Jesus se revela como esse sacrifício perfeito.

A morte de Jesus, o único que não cometeu pecado, revela que todos são culpados. Sua morte nos constrange e humilha, ao mesmo tempo que nos dá coragem e força, pois entendemos seu amor sacrifical. É muito interessante esse paradoxo. Temos consciência de que Deus teve de morrer por nós, e isso é constrangedor. Esse constrangimento é que deve levar-nos a compartilhar a Palavra de Deus. Em contrapartida, saber que Deus nos ama de forma incondicional a ponto de entregar o próprio Filho para morrer na cruz enche-nos de coragem e ousadia para proclamar a mensagem salvadora.

Em suma, a cruz de Jesus deixa-nos constrangidos para que falemos com humildade, mas também nos dá força e coragem para falarmos com ousadia e poder.

JESUS, O FILHO DO HOMEM

A terceira figura do Deus Filho como revelação e auxílio na compreensão de sua Palavra é a do Filho do homem. Ela começa a ser construída no primeiro livro da Bíblia:

> Porei inimizade entre você e a mulher, entre a sua descendência e o descendente dela; este ferirá a sua cabeça, e você lhe ferirá o calcanhar (Gênesis 3:15).

Também está presente nos Profetas:

> Em minha visão à noite, vi alguém semelhante a um filho de homem, vindo com as nuvens dos céus. Ele se aproximou do ancião e foi conduzido à sua presença. Ele recebeu autoridade, glória e o reino; todos os povos, nações e homens de todas as línguas o adoraram. Seu domínio é um domínio eterno que não acabará, e seu reino jamais será destruído (Daniel 7:13,14).

Em todos os Evangelhos, Jesus se autodeclara o Filho do homem, como em Mateus 18:11: "O Filho do homem veio para salvar o que se havia perdido".

Em todo o Antigo Testamento, a expressão "Filho do homem" faz referência à descendência de Adão — "Adão" e "homem" são a mesma palavra no hebraico. Mas, desde a promessa de Deus sobre o descendente da mulher que pisaria na cabeça da serpente até a visão de Daniel sobre o "filho de homem", percebe-se que esse Filho é alguém muito próximo do Pai. Assim, a partir dos escritos de Daniel, começa a se formar a ideia de que o Filho do homem, além de ser filho de Adão, é Filho de Deus. Por isso, quando Jesus fala de si mesmo, ele se identifica como "Filho do homem".

Em suma, Jesus, o descendente de Adão, é o Filho de Deus encarnado, aquele que nos deu acesso à presença do Pai. Isso revela que todos os seus discípulos podem viver nessa segurança e dar esse testemunho. Se Jesus é verdadeiramente homem e verdadeiramente Deus, como acreditamos, ele garante a nós, humanos, acesso ao Deus Pai. Ele veio para nos conduzir outra vez à presença de Deus, no Éden. Ele é o Filho verdadeiro de Adão, porém sem pecado; por isso Paulo se refere a Jesus como uma espécie de segundo Adão (1Coríntios 15:21-22).

Jesus percorreu esse caminho até o Pai. Quando nos comunicamos, proclamamos as boas-novas de alguém que já cumpriu toda a sentença de Deus na cruz e, por isso, todos os que pela fé aceitam essa mensagem têm acesso a Deus.

DEUS ESPÍRITO SANTO E A INTERPRETAÇÃO

28

A PESSOA DO ESPÍRITO SANTO TAMBÉM É FUNDAMENTAL PARA nossa compreensão da Bíblia. Mais uma vez, as três características que apresentarei neste capítulo não são as únicas, mas creio que o ajudarão a interpretar com clareza e intrepidez, e a proclamar com ousadia, a mensagem do evangelho.

O ESPÍRITO SANTO REVELA E INSPIRA

A primeira característica do Espírito Santo é que ele revela e inspira. Encontramos essa verdade no Novo Testamento:

> Quando os prenderem, não se preocupem quanto ao que dizer, ou como dizê-lo. Naquela hora, será dado o que dizer, pois não serão vocês que estarão falando, mas o Espírito do Pai de vocês falará por intermédio de vocês (Mateus 10:19,20).

> Todavia, como está escrito: "Olho nenhum viu, ouvido nenhum ouviu, mente nenhuma imaginou o que Deus preparou para aqueles que o amam"; mas Deus o revelou a nós por meio do Espírito (1Coríntios 2:9,10).

> No dia do Senhor achei-me no Espírito e ouvi por trás de mim uma voz forte, como de trombeta, que dizia: "Escreva num livro o que você vê" (Apocalipse 1:10,11).

O Espírito Santo revela verdades às pessoas e as inspira. Ele inspirou de forma especial e singular os autores bíblicos, e continua inspirando muita gente até hoje. Usamos o verbo "iluminar" para se referir ao esclarecimento dado pelo Espírito, mas é interessante constatar como ele "sopra" e revela o caminho eterno aos seus. É o Espírito Santo quem se comunica conosco. Aliás, a Bíblia diz que não sabemos orar, mas, quando o fazemos, o Espírito Santo traduz para Deus o que está em nosso coração quando não conseguimos expressá-lo (Romanos 8:26). Dessa forma, o Espírito Santo é fundamental para entendermos a Bíblia.

Contudo, vamos deixar algo bem claro: algumas pessoas usam o Espírito Santo como escape para não se dedicar ao estudo e à hermenêutica, como se Deus revelasse tudo apenas por meio da oração. Não é assim que acontece. A revelação ocorre em momentos especiais. De fato, não precisamos de hermenêutica nem de estudos profundos para entender a salvação em Jesus Cristo. Isso também acontece pela revelação do Espírito Santo. É graças a ele que somos convencidos de nosso pecado e de que precisamos de salvação. No entanto, como diz o salmista, devemos meditar dia e noite nas maravilhas registradas na Palavra de Deus (Salmos 1:2). Assim, entenderemos cada vez mais a mente de Deus e o que ele decidiu nos revelar.

A certeza de que o Espírito Santo inspirou os autores das Escrituras e que elas não falham em revelar a plenitude de Deus para todos nos dá segurança ao examinar o evangelho. Às vezes, não entendemos certos assuntos ao ler a Bíblia, mas, como sabemos que foi o Espírito Santo quem inspirou os autores bíblicos, podemos ter certeza de que encontraremos a resposta na própria Bíblia.

Também no Espírito temos confiança para testemunhar, pois foi a verdade revelada na Escrituras que transformou nossa vida.

O ESPÍRITO SANTO SALVA E SANTIFICA

Também é o Espírito que nos salva e nos faz crescer em santidade, e o faz por meio da revelação. Lemos que:

Ninguém pode entrar no Reino de Deus se não nascer da água e do Espírito. O que nasce da carne é carne, mas o que nasce do Espírito é espírito (João 3:5,6).

Santifica-os na verdade; a tua palavra é verdade (João 17:17).

Pois vocês não receberam um espírito que os escravize para novamente temerem, mas receberam o Espírito que os adota como filhos, por meio do qual clamamos: "Aba, Pai". O próprio Espírito testemunha ao nosso espírito que somos filhos de Deus (Romanos 8:15,16).

É o Espírito Santo quem nos salva, nos tira do pecado e nos santifica. Por isso, Nicodemos, um mestre da Lei que passara a vida inteira estudando as Escrituras, não entendeu a mensagem de Jesus (João 3:10), pois não tinha clareza nem autoridade. É o Espírito quem nos faz nascer de novo, e não o aprofundamento nos estudos teológicos.

Paulo menciona o "fruto do Espírito" (Gálatas 5:22). O Espírito Santo produz em nós um fruto que é sinal da santificação realizada por ele em nossa vida. Saber que o Espírito de Deus operará boas obras em nós até o fim nos dá muita segurança para viver como discípulos e dar testemunho do evangelho.

Quando compartilho as verdades da Palavra de Deus, submeto-me unicamente ao Espírito Santo. Há ocasiões em que sinto não ter usado uma boa lógica ou que não me expressei da melhor maneira, mas, surpreendentemente, recebo uma resposta positiva: apesar de não ter feito uma exposição mais elaborada do evangelho, minha pregação mudou a vida de alguém. Felizmente, o agir é do Espírito Santo. Ele é o responsável por levar a compreensão ao coração das pessoas. É importante entendermos esse ponto. O Espírito Santo não é responsável apenas por nossa comunicação com Deus: ele também age quando proclamamos a mensagem do evangelho.

O ESPÍRITO SANTO CAPACITA E EMPODERA

Em certa ocasião, Jesus leu uma antiga profecia:

> O Espírito Santo está sobre mim, porque ele me ungiu para pregar boas-novas aos pobres. Ele me enviou para proclamar liberdade aos presos e recuperação da vista aos cegos, para libertar os oprimidos e proclamar o ano da graça do Senhor (Lucas 4:18,19).

Após a ressurreição, pouco antes de subir ao céu, ele prometeu aos seus discípulos:

> receberão poder quando o Espírito Santo descer sobre vocês, e serão minhas testemunhas em Jerusalém, em toda a Judéia e Samaria, e até os confins da terra (Atos 1:8).

Vemos, após isso, a ação do Espírito Santo na vida dos discípulos:

> Depois de orarem, tremeu o lugar em que estavam reunidos; todos ficaram cheios do Espírito Santo e anunciavam corajosamente a palavra de Deus (Atos 4:31).

O Espírito Santo nos empodera e nos capacita a falar de uma forma que naturalmente jamais conseguiríamos. Já ouvi diversos relatos de pessoas que, ao receberem o Espírito Santo, passam a ter o dom da palavra e são dotadas de grande coragem para comunicar o evangelho. Os discípulos, como no exemplo de Atos, depois de orarem e receberem o Espírito Santo, foram empoderados e capacitados a pregar o evangelho com poder e clareza. Nós também temos acesso ao Espírito Santo para falar com autoridade, pois fomos salvos por ele, e ele habita em nós.

Quando somos salvos pelo Espírito Santo, recebemos o dom poderoso de realizar aquilo que ele deseja fazer e que não poderíamos fazer por nós mesmos. Uma dessas coisas é proclamar as boas-novas com objetividade e poder. Como é reconfortante saber que o Deus trino se preocupa conosco! Ele nos dá a compreensão de sua Palavra, mas também nos dá ousadia e entendimento não só para lermos as Escrituras, mas também para testemunhar delas.

Que a graça do nosso Senhor Jesus Cristo, o amor de nosso eterno Pai e a inspiração do Espírito Santo estejam com você nessa caminhada!

BIBLIOGRAFIA

ANGUS, Joseph. *História, doutrina e interpretação da Bíblia*. Trad. J. Santos Figueiredo (São Paulo: Hagnos, 2004).

BARCLAY, William. *João: comentário do Novo Testamento*. Trad. Carlos Biagini. Disponível em: files.comunidades.net/pastorpatrick/Joao_Barclay.pdf. Acesso em: 4 nov. 2022.

BARTHOLOMEW, Craig G.; GOHEEN, Michael W. *O drama das Escrituras: encontrando o nosso lugar na história bíblica*. Ed. digital. Trad. Daniel Kroker (São Paulo: Vida Nova, 2017).

BEALE, G. K. *Manual do uso do Antigo Testamento no Novo Testamento: exegese e interpretação*. Trad. A. G. Mendes (São Paulo: Vida Nova, 2013).

BERLIN, Adele. *Poetics and interpretation of biblical narrative* (Winona Lake: Eisenbrauns, 1994).

BÍBLIA NOVA REFORMA: edição de estudos e referência. Nova Versão Internacional. Trad. Reginaldo de Souza; Judson Canto (notas e artigos) (São Paulo: Vida, 2017).

CARVALHO, Moab César. *O aggiornamento do pentecostalismo: as Assembleias de Deus no Brasil e na cidade de Imperatriz-MA (1980-2010)*. Tese de doutorado. Programa de Pós-graduação em História (Imperatriz: Universidade do Vale do Rio dos Sinos, 2017). 394 f.

CHAFER, Lewis Sperry. *Teologia sistemática* (São Paulo: IBR, 1986). vol. 1.

CHAMPLIN, Russell Norman. *O Novo Testamento interpretado: versículo por versículo*. Trad. João Marques Bentes (São Paulo: Milenium, 1983). vol. 1.

COMFORT, Philip Wesley, org. *A origem da Bíblia*. 2. ed. Trad. Luís Aron de Macedo (Rio de Janeiro: CPAD, 1999).

DANIEL-ROPS, Henri. *A vida diária nos tempos de Jesus*. Trad. Neyd Siqueira (São Paulo: Vida Nova, 1986).

DOCKERY, David S., org. *Manual bíblico Vida Nova* (São Paulo: Vida Nova, 2010).

ELWELL, Walter A., org. *Enciclopédia histórico-teológica da igreja cristã*. Trad. Gordon Chown (São Paulo: Vida Nova, 2009).

FEE, Gordon D.; STUART, Douglas K. *Entendes o que lês? Um guia para entender a Bíblia com auxílio da exegese e da hermenêutica*. Trad. Gordon Chown; Jonas Madureira (São Paulo: Vida Nova, 2011).

FIELD, Syd. *Manual do roteiro: os fundamentos do texto cinematográfico*. Trad. Álvaro Ramos (Rio de Janeiro: Objetiva, 2001).

GRENTZ, Stanley; OLSON, Roger. *Iniciação à teologia*. 2. ed. Trad. Werner Fuchs (São Paulo: Vida, 2006).

GRUDEM, Wayne. *Teologia sistemática*. Trad. Norio Yamakami; Lucy Yamakami; Luiz A. T. Sayão; Eduardo Pereira e Ferreira (São Paulo: Vida Nova, 2000).

GUTHRIE, Donald. *Hebreus: introdução e comentário*. Trad. Gordon Chown (São Paulo: Vida Nova, 1984).

HORTON, Stanley M.; MENZIES, William W. *Doutrinas bíblicas*. Trad. João Marques Bentes (Rio de Janeiro: CPAD, 1995).

KEELEY, Robin, org. *Fundamentos da teologia cristã*. Trad. Yolanda Krievin (São Paulo: Vida, 2000).

KÖSTENBERGER, Andreas J.; PATTERSON, Richard D. *Convite à interpretação bíblica: a tríade hermenêutica*. Trad. Daniel Hubert Kroker; Thomas de Lima; Marcus Throup (São Paulo: Vida Nova, 2015).

MACKIE, Tim. *Heaven and earth: Genesis 1 and the narrative world of the Bible*. Apostila de curso. Dez. 2019.

_____. *Introduction to the Hebrew Bible*. Apostila de curso. Out. 2019.

McKEE, Robert. *Story: substância, estrutura, estilo e os princípios da escrita de roteiro*. Trad. Chico Marés (Curitiba: Arte & Letra, 2006).

SIGMON, Brian Osborne. *Between Eden and Egypt: echoes of the garden narrative in the story of Joseph and his brothers*. Tese de doutorado. Programa de Pós-Graduação em Filosofia (Milwaukee, Wisconsin: Marquette University, 2013). Disponível em: epublications.marquette.edu/cgi/viewcontent.cgi?article=1262&context=dissertations_mu. Acesso em: 19 nov. 2022. 373 f.

STEIN, Robert H. *Guia básico para a interpretação da Bíblia*. Trad. Adão Pereira da Silva (Rio de Janeiro: CPAD, 1999).

STOTT, John R. W. *Tu, porém: a mensagem de 2 Timóteo*. Trad. João Alfredo dal Bello (São Paulo: ABU, 1982).

STROBEL, Lee. *Em defesa de Cristo*. Versão digital. Trad. Antivan Guimarães Mendes; Hans Udo Fuchs (São Paulo: Vida, 2001).

TASKER, R. V. G. *Mateus: introdução e comentário*. Trad. Odayr Olivetti (São Paulo: Vida Nova, 2006).

UNGER, Merril Frederick. *Manual bíblico Unger*. Trad. Eduardo Pereira; Ferreira e Lucy Yamakami (São Paulo: Vida Nova, 2011).

VANHOOZER, Kevin J. *Há um significado neste texto? Interpretação bíblica: os enfoques contemporâneos*. Trad. Álvaro Hattnher (São Paulo: Vida, 2006).

WIERSBE, W. W. *Comentário bíblico expositivo*. Trad. Suzana E. Klassen (Santo André: Geográfica, 2010). vol. 2.

WILSON, Paul Scott. *As quatro páginas do sermão: um guia para a pregação bíblica*. Ed. rev. ampl. Trad. Adrien Bausells; Tiago Abdalla T. Neto (São Paulo: Vida Nova, 2020).

WRIGHT, N. T. *Paulo para todos: 1 Coríntios*. Versão eletrônica. Trad. Hilton Figueredo (Rio de Janeiro: Thomas Nelson Brasil, 2020).

ZUCK, Roy B. *A interpretação bíblica: meios de descobrir a verdade bíblica* (São Paulo: Vida Nova, 1994).

CRÉDITOS DAS IMAGENS

Todas as imagens utilizadas nesta obra são de domínio público e foram extraídas das fontes abaixo.

Figura 1: https://commons.wikimedia.org/wiki/File:USA-Palo_Alto-Stanford_Memorial_Church-Glass_Window-1.jpg

Figura 2: https://commons.wikimedia.org/wiki/File:Mosaic_floor_opus_tessellatum_detail_Gorgone_NAMA_Athens_Greece.jpg

Figura 3: https://commons.wikimedia.org/wiki/File:Copacabana_pavement.jpg

Figura 4: https://www.pexels.com/pt-br/foto/montanhas-e-arvores-270756/

Figura 5: https://pixabay.com/pt/photos/arte-pintura-monalisa-cl%c3%a1ssico-74050/

Figura 6: https://commons.wikimedia.org/wiki/File:Vincent_van_Gogh,_Self-Portrait,_1889,_NGA_106382.jpg

Figura 7: https://commons.wikimedia.org/wiki/File:Abraham_and_Three_Angels_MET_DP818812.jpg

Figura 8: https://commons.wikimedia.org/wiki/File:Moses_on_Sinai_(Le_tables_de_Loi_judaique)_MET_67.798.5.jpg

Figura 9: https://commons.wikimedia.org/wiki/File:Jesus_appears_to_his_disciples_after_he_has_risen.jpg

Este livro foi impresso pela Cruzado, em 2023,
para a Thomas Nelson Brasil. O papel do miolo é
pólen natural 80gr/m², e o da capa é cartão 250gr/m²